Pavlina Klemm

Lichtbotschaften von den Plejaden

Leben in der fünften Dimension

6

mit zahlreichen Übungen!

Besuchen Sie uns im Internet:
www.AmraVerlag.de

Ihre 80-Minuten-Gratis-CD erwartet Sie.
Unser Geschenk an Sie ... einfach anfordern!

Eine Originalausgabe im AMRA Verlag
Auf der Reitbahn 8, D-63452 Hanau
Hotline: + 49 (0) 61 81 – 18 93 92
Service: Info@AmraVerlag.de

Herausgeber & Lektor	Michael Nagula
Einbandgestaltung	Guter Punkt
Layout & Satz	Birgit Letsch
Autorenfoto	Melanie Daoud
Druck	CPI books GmbH

Texte © 2020 by Pavlina Klemm, www.pavlina-klemm.de
Cover © by Josephine Wall, www.josephinewall.co.uk

ISBN 978-3-95447-444-8 (Buch)
ISBN 978-3-95447-445-5 (Hörbuch)
ISBN 978-3-95447-446-2 (eBook)
ISBN 978-3-95447-447-9 (Übungs-CD)

Inhalt

Den plejadischen Lichtwesen,
die uns begleiten und uns den Weg zeigen.
Allen Menschen und allen Wesen,
die mit ihrer Liebe und Existenz auf diesem Planeten
zum Gesamtaufstieg der Menschheit
ins Goldene Zeitalter beitragen.

Liebe Leserinnen und Leser!

Es ist mir eine so große Freude, dass ihr dieses Buch in Händen haltet. Ich schätze jeden von euch und freue mich gemeinsam mit den plejadischen Wesen, dass ihre Botschaften den Weg in eure Herzen und in euer Zuhause gefunden haben.

Wir befinden uns in einer Zeit, in der Brücken einstürzen, die uns mit der alten Welt und einer belastenden Vergangenheit verbanden. Es eröffnen sich neue Möglichkeiten. Es bilden sich Wege, die uns in eine positive Zukunft führen. Noch nie zuvor habe ich so deutlich gespürt, welch große Menge an Menschen beginnt, sich an die reinste Essenz ihrer Seele zu erinnern! Noch nie zuvor habe ich so deutlich beobachten dürfen, wie wir unsere Kräfte und unser Licht vereinen und als Kollektiv zu handeln beginnen!

Ich spüre, dass die neue positive Zukunft der Menschheit schon zum Greifen nahe ist. Natürlich müssen wir erst noch gewisse Schritte tun, um sie Realität werden zu lassen. Es ist, als befänden wir uns momentan in einer Phase der Verpuppung. Die Raupe entwickelt sich im Kokon, und von außen ist nicht zu sehen, was sich abspielt, aber es bereitet sich die Geburt neuen Lebens vor und der im Kokon entstehende Schmetterling steht kurz vor einem erfüllenden Leben in Freiheit.

Einer neuen Existenz in Freiheit und Natürlichkeit!

Jahrtausende lang war den Menschen diese Freiheit verwehrt gewesen. Jetzt kehren wir zu ihr zurück. Begleitet von den Plejadern. Sie helfen uns während dieser Phase. Ihre Lichtenergie ist stark und magisch. Sie bringt uns Impulse, dank derer unsere Seele sich an ihre wahre Größe erinnern kann. Dazu trägt auch die frequenzmäßige Programmierung dieses Buches bei, als weiterer Schlüssel zur Regeneration eurer Seele. Denn wieder ist jedes Wort schwingungsmäßig aufgeladen.

Tausende Leserinnen und Leser sind durch die liebevollen und lichtvollen Frequenzen in den Büchern der Plejader bereits untereinander verbunden. Sie erzeugen mit ihrem Licht ein riesiges Energiefeld, das sich ununterbrochen ausdehnt und vergrößert. Dadurch hilft jeder Leser nicht nur bei der Heilung seiner eigenen Realität, sondern auch bei der Heilung der Realität anderer mit. Das Licht eines jeden Lesers verbindet sich mit weiteren Lichtern positiver Frequenzen, und so kommt es zur Durchlichtung und Heilung der gesamten menschlichen Gemeinschaft und ihrer Lebensbereiche.

»Jeder von euch ist wichtig. Jeder.« Das sagen die Plejader nicht ohne Grund, und ich schließe mich dieser Aussage an. Jeder von euch ist wichtig. Jeder von euch gehört zu diesem göttlichen Plan der lichtvollen Revolution. Ausnahmslos jeder. Und das Licht und die Liebe in eurem Herzen sind die wichtigsten Aspekte, die ihr auf diese Erde mitgebracht habt. Sie werden euch bei der Geburt eurer neuen Existenz am meisten helfen.

Ich danke euch allen, liebe Leserinnen und Leser, für euren Fleiß und eure Existenz auf dem Planeten Erde. Ich segne euch alle auf allen Ebenen eures Seins – und ich wünsche euch viel Freude und lichtvolle Energie beim Lesen.

Mit Liebe und Frieden im Herzen!
Eure **Paulina**

Liebe Botinnen und Boten des Lichts
und der liebevollen Energien!

Wir haben die Ehre, euch erneut zu begegnen, eure Zeitparameter zu kreuzen und auf diese Weise zu euren Herzen zu sprechen.

Eure Herzen sind teilweise schon miteinander verbunden und teilweise auch mit der kosmischen universellen Energie, mit eben jener kosmischen universellen Energie, aus der eure Lichtwesen und die göttliche Intelligenz zu euch sprechen. Für die göttliche Intelligenz beginnen sich damit die Tore zu den menschlichen Herzen zu *öffnen*.

Die Tore zu den menschlichen Herzen waren ganze Jahrtausende lang verschlossen. Nun, in dieser bedeutenden Zeit, erhöhen sich die Energie und Schwingung der menschlichen Wesen, und die göttliche Intelligenz hat die Möglichkeit, wieder zum Herzen des Menschen zu sprechen und es zu berühren.

Die göttliche Intelligenz, die diese Zeit geduldig erwartet hat, öffnet Räume und Zeiten zu menschlichen Individuen, die sich entschieden haben, ihre Herzen und ihre Realität zu heilen. Die Gesetze der göttlichen Intelligenz sind gerecht. Sie respektiert dabei den freien Willen jedes Einzelnen, der auf diesem Planeten lebt.

11

Die Räume und Zeiten derjenigen menschlichen Individuen, die das Licht in ihrer Seele erkannt haben, sollen gestärkt und durchleuchtet werden, das hat die göttliche Intelligenz beschlossen. Diese Individuen haben in der Tiefe ihrer Seele vertraut und geahnt, dass der Übergang in die lichtvollen Parameter früher oder später eintreten wird.

Viele menschliche Individuen, die sich entschieden haben, den lichtvollen Weg zu gehen, spüren diese göttliche, sie begleitende Kraft. Als hätten sie sich an einen Motor angebunden, der unaufhörlich arbeitet. Dabei sind sie selbst es: Durch ihr *eigenes* Wirken erhalten sie noch mehr Kraft, Ausdauer und positive Entwicklung.

Die menschlichen Individuen, die sich entschieden haben, die lichtvolle Essenz in ihrem Herzen zu finden, werden durch die göttliche Intelligenz immerzu an ihre Essenz erinnert. Sie sollen diese nicht vergessen, sondern in noch tiefere Ebenen ihrer Seele und ihrer zeitlichen und räumlichen Parameter vordringen können. Die menschlichen Individuen, die sich entschieden haben, liebevoll in den Tiefen ihrer Seele zu suchen, gelangen schneller und umfassender zu ihrer göttlichen Essenz.

Einmal mehr zeigt sich so: Wir alle, die wir durch diese liebevolle Frequenz verbunden sind, sind Wesen im Lichte Gottes. Gott – das Wort »Gott«, das unzählbare Male missbraucht wurde – ist in vielen Seelen des menschlichen Wesens negativ einkodiert. Das Wort und den Namen »Gott« werden wir in den folgenden Botschaften häufig aussprechen, aber glaubt uns: Dieses Wort trägt keinerlei negativen Beigeschmack oder negative Kirchenbesessenheit oder Fanatismus mehr in sich.

Das Wort »Gott« ist für uns die stärkste und größte liebevolle Energie, die allmächtig, liebend, gerecht ist, eine Energie, aus der jegliches Leben und jegliches Geschehen dieses Universums und der Welten, die in Paralleluniversen existieren, entstanden ist – Universen, die unendlich in ihren Räumen und Zeiten sind.

Wir möchten euch, liebe Lichtboten, die ihr immer noch die Bitterkeit der Kirchenenergie und ihres Geschehens hier auf der Erde in euch tragt, mit diesen Worten, durch die wir nun zu euch sprechen, eure Realität und das an sie angebundene negative Denken reinigen, das euch vielleicht immer noch in der Anbindung an die reinste göttliche Intelligenz und göttliche Energie blockiert. Viele von euch haben sich durch die Bitterkeit in ihrem Herzen und in der Seele teilweise von der göttlichen reinsten Quelle getrennt, da sie unterbewusst das Gefühl hatten, dass das Wort Gott mit der Negativität der Kirche verbunden ist.

Wir reinigen jetzt eure Realität, während ihr diese Zeilen lest.
Wir gehen Schritt für Schritt mit euch voran.

In früheren Botschaften haben wir eine große Anzahl an Möglichkeiten aufgeführt, wie es euch besser und gezielter gelingt, eure Realität zu reinigen.

Schritt für Schritt begleiten wir euch nun dank dieser Informationen, die eine große Anzahl an Photonen oder Lichtteilchen enthalten, ihr menschlichen Wesen, die ihr euch für die Freiheit eures Geistes und eurer Seele entschieden habt. Wir begleiten euch und erhöhen dabei mit jedem gelesenen Wort die Lichtenergie eurer Materie.

Schritt für Schritt ist es so bereits vielen menschlichen Wesen gelungen, aus dem dunklen Traum zu erwachen. Es ist ihnen gelungen, einen Anfang zu machen, zu »starten«. Sie haben erkannt, dass die dunkle Realität nur eine Illusion war, die ihnen auf unnatürliche Art und Weise aufgesetzt wurde. Viele menschliche Wesen sind dabei durch große Lebensprüfungen gegangen, bei denen ihnen oft das Herz schwer war. Aber die göttliche Intelligenz, mit der wir Hand in Hand arbeiten, hilft ihnen immer wieder, in schwierigen

Momenten Erleichterung zu finden und positive Einblicke in die Zukunft zu finden.

Unser Ziel war und ist es, jedem menschlichen Individuum zu helfen, seine göttliche Essenz in seiner Seele zu finden. Durch das Finden und die Erinnerung daran kommt es zur Heilung des Herzens und der übrigen persönlichen Parameter seiner Existenz.

Mit Hilfe der göttlichen Intelligenz und ihrer Energie können wir gemeinsam extrem schnelle und tief reichende Ergebnisse erzielen. Es genügt, sich an die göttliche Intelligenz anzubinden und zu vertrauen, dass das gesamte Geschehen auf diesem Planeten auf eine positive Zukunft zustrebt. Es genügt, sich mit der göttlichen Intelligenz ohne Bitterkeit im Herzen und in der Seele zu verbinden und sich von den Lichtwesen begleiten zu lassen.

Die menschliche Gemeinschaft befindet sich momentan auf einer Ebene, die positiv ist. Sie könnte zwar noch in eine eher dunkle Realität zurückfallen, wenn sie sich dafür entscheidet, denn jedes Individuum hat ein Recht auf seinen freien Willen. Aber sie hat eine Grenze erreicht und steht vor einem positiven Umbruch. Nun kommt es auf jedes einzelne menschliche Individuum an, für welche Seite es sich entscheidet.

Die notwendige Anzahl der menschlichen Herzen, die durch ihr persönliches Wiederfinden durchleuchtet und mit göttlichem Licht erfüllt worden sind, wurde jedenfalls erreicht. Die menschliche Gemeinschaft hat dadurch ein unglaubliches Potenzial erhalten! Das Erreichen dieser Anzahl bedeutet für die menschliche Zivilisation den erfolgreichen Übergang in die lichtvollen Dimensionen des Goldenen Zeitalters. Es bedeutet außerdem die weitere Anhebung der persönlichen Lichtfrequenz von noch mehr Bewohnern dieses Planeten: Das Licht, das sich in den menschlichen Herzen befindet, durchleuchtet die Realitäten weiterer Individuen und durchleuchtet auch Realitäten, welche die Menschheit als Ganzes auf diesem Planeten Erde durchlebt hat.

Jetzt kommt es auf jedes einzelne Individuum dieses Planeten an, für welche Zukunft es sich entscheidet. Jeder Mensch dieses Planeten trägt die Verantwortung für die gesamte Menschheit in seinen Händen. Jeder Einzelne. Jeder Mensch. Jeder Gedanke und jede Tat, welche die persönliche Realität durchleuchtet, durchleuchtet die Realität der Menschheit als Ganzes. Jeder helle Gedanke und Impuls, jede heilende Energie durchleuchtet auch die Realität menschlicher Seelen, die sich gerade in der Dimension der himmlischen Ewigkeit befinden!

In dieser Zeit ist verstärkte Kommunikation zwischen den Menschen notwendig, damit alle Missverständnisse, die zwischen ihnen existieren, aus dem Weg geräumt werden. Offene Kommunikation ist dabei nicht nur vonnöten, sondern darf jetzt auch sein, denn für eure Meinungen werdet ihr nicht wie in vergangenen Inkarnationen bestraft. Die Zeiten der dunklen Vergangenheit sind bereits geschlossen, sofern ihr dies gedanklich zulasst.

Es ist an der Zeit, die Herzen zu öffnen und anzufangen, so zu handeln, wie es die Reinheit eures Herzens wünscht.

Es ist an der Zeit, mit seinem reinen Herzen die Widrigkeiten der jetzigen Welt, die die Menschen in ihre dunklen Netze einfangen will, zu erkennen.

Es ist an der Zeit zu erkennen, was eurem Herzen gut tut und an welche Frequenzen ihr euch in dieser Zeit anbindet und von welchen Frequenzen ihr euch in Zukunft leiten lasst.

Es ist an der Zeit, auf die eigene Intuition zu hören und gemäß den reinsten Regeln zu handeln.

Diese Zeit ist entscheidend und bedeutend.

Die Reinheit eures Herzens und eures positiven Handelns ist wichtiger als jemals zuvor.

Es geht buchstäblich um die Zukunft der Menschheit und um die Richtung, die die Menschheit einschlägt.

Wir begleiten euch mit unserer Liebe und stärken euch mit lichtvollen Frequenzen, die eure Seele und eure Herzen heilen. Durch unsere Arbeit für euch helfen wir dem gesamten Geschehen dieser Galaxis. Auf diese Weise begleiten wir eine große Anzahl friedliebender Zivilisationen unserer gemeinsamen Galaxis, die sich auf einer ähnlichen Entwicklungsstufe wie die menschliche Zivilisation befindet.

Der Fortschritt eures Planeten in die goldenen Frequenzen der Goldenen Zeit bringt der Menschheit eine große Menge positiver Veränderungen, und die menschliche Gemeinschaft kann diese Veränderungen zum Positiven austragen, wenn sie durch tiefste Bewusstwerdung und mit reinster Absicht ihre dunkle Vergangenheit endgültig verlässt und sich in dieser Zeit für die helle Zukunft entscheidet.

Jeder von euch ist wichtig.

Das Licht und die Liebe eines Jeden von euch.

Licht und Liebe erhöhen sich in den neuen Räumen und Zeiten der fünften Bewusstseinsebene, ja man könnte sagen, sie vervielfachen sich. Alles nähert sich dem Goldenen Zeitalter und der Intelligenz, Liebe und Energie Gottes an.

Das Ziel eurer Existenz – und es kommt nicht darauf an, auf welchem Planeten oder in welcher Dimension eurer Realität ihr euch gerade befindet – ist, sich kraft des eigenen Lichts mit dem Licht der göttlichen Energie und Liebe zu verbinden. Die göttliche Essenz in sich zu finden. In jeglicher Form des eigenen Geschehens und der eigenen Existenz.

Erlaubt uns und der göttlichen liebevollen Intelligenz, euch zu begleiten und euch bei euren weiteren Schritten in die positive Zukunft zu helfen. Verbindet euch in komplizierten Momenten, die das Leben auf dem Planeten Erde manchmal mit sich bringt, mit unserer Energie und mit unserem plejadischen kollektiven Bewusstsein.

Es ist uns eine Freude und Ehre, euch zu begleiten.

Wir wünschen euch, dass sich in eurer menschlichen Gemeinschaft möglichst viele für eine lichtvolle Zukunft entscheiden.

Mit jedem eurer positiven Gedanken und mit jeder positiven Tat tragt ihr zur positiven Zukunft der Menschheit bei!

Eure plejadische Gemeinschaft

1

Die Zentralsonne der göttlichen Quelle

Es ist wahr: Schritt für Schritt begleiten wir euch, und mit jedem Augenblick lassen wir eurem Geist und eurer Seele lichtvolle Impulse zukommen. Mit jedem Augenblick habt ihr die Möglichkeit, euch an diese Lichtimpulse anzubinden und euer System damit durchleuchten zu lassen.

Die Seele eines Jeden von euch ist im göttlichen Licht entstanden. Man kann nicht sagen, *wann* sie entstanden ist, denn im göttlichen Licht existiert keine Zeit. Dort existieren nur Liebe und Licht. Die höchste Reinheit der göttlichen Gerechtigkeit und des göttlichen Wissens.

Die Zeit, die auf dem Planeten Erde gemessen wird, ist nichts weiter als ein ein Maßstab für die menschliche Gemeinschaft. Die menschliche Gemeinschaft richtet sich nach dieser Zeit und muss sich ihr unterordnen.

Man könnte sagen, dass Zeit auf diesem Planeten die Menschheit mehr oder weniger versklavt hat.

Im göttlichen Licht, in dem ihr und wir alle entstanden sind, existiert keine Zeit. In ihm existiert Ewigkeit, die mit der Zeitzählung nichts zu tun hat.

Die Existenz allen Geschehens ist im Raum der göttlichen Lichtenergie entstanden. Die Entstehung von allem, was ist, könnte man mit einem einzigen Punkt im Universum vergleichen. Dieser Punkt, der die Eigenschaft hat, sich in unendliche Räume und Zeiten auszudehnen, hat auch die Eigenschaft, eine unendliche Menge an Lebensformen zu erschaffen.

Diesen Punkt würden wir mit der unendlichen Quelle von allem, was ist, vergleichen. Mit der unendlichen Quelle der Unendlichkeit. Dieser Punkt strahlt eine so große Menge Licht aus, dass wir ihn die *Zentralsonne* nennen. Die Zentralsonne allen Geschehens. Die Zentralsonne für jegliches Leben in jeglicher Form. Die Zentralsonne, von der in diesem Buch noch oft die Rede sein wird: die göttliche Zentralsonne. Diese Zentralsonne, aus der sämtliches Leben hervorgeht, ernährt mit ihrem Licht, ihrer Liebe und Intelligenz alle Formen jeglichen Geschehens. Für uns ist die Zentralsonne Gott … Gott, der die intelligenteste Form allen Seins ist, das existiert.

Das göttliche Licht und die göttliche Liebe kommen von diesem Punkt, den wir beschrieben haben. Dieser Punkt ist winzig klein in seiner Ganzheit und hat doch riesige Ausmaße in allen Räumen und Zeiten.

Die Zentralsonne der göttlichen Quelle ist so majestätisch, dass es nicht einmal uns bislang gelungen ist, uns lichtvoll und entwicklungsmäßig an sie anzunähern. Was wir aber wissen, ist, dass die Liebe in unseren Herzen uns ihr näherbringen kann und uns ihre Großartigkeit spüren lässt. Dadurch, dass wir uns in der siebten Bewusstseinsdimension befinden, ist es uns gelungen, uns zumindest teilweise an das Licht und die Liebe des zentralen göttlichen Wissens anzubinden.

Unser Ziel ist es, so weit wie möglich mit der Liebe, dem Licht und der Intelligenz Gottes zu verschmelzen. Wir haben schon ein gutes Stück des Wegs und unserer Entwicklung geschafft. Es ist uns gelungen, die Zusammenhänge und Regeln der göttlichen

Welt zu verstehen. Es ist uns gelungen zu verstehen, dass die kosmische Welt zwar unendlich groß ist, aber nicht kompliziert. In ihr existieren präzise Regeln. Und diese Regeln versuchen wir zu leben, damit wir in die Regeln dieses »Spiels« passen.

Sehr lange ist uns, genauso wie euch, das Wissen über den Kosmos und das Wissen über die göttliche Energie und Intelligenz verwehrt geblieben. Wir tappten wie ihr im Dunkeln, und sehr lange haben wir nach den Zusammenhängen und der Form der göttlichen Energie gesucht. Wir wussten nicht, woher sie kommt, wir wussten nicht, was sie vorantreibt. Wir wussten nur, dass sie mächtig ist. Liebevoll mächtig und gerecht.

Mit unserem erhöhten Bewusstsein und der Arbeit an unserer seelischen Reinheit haben wir die Möglichkeit erhalten, uns telepathisch an die reinsten Formen allen Wissens und an die Bewusstseinsfelder unterschiedlichster lebender und nicht lebender Formen anzubinden. Wir haben herausgefunden, dass uns unser erhöhtes Bewusstsein die Tore zum Wissen und zu Zusammenhängen öffnet, von denen wir keine Ahnung hatten.

Wir wussten, dass eine Lebensform existiert, die intelligenter als jegliches Leben ist, das wir kennen. Eine Lebensform, aus der weitere Lebensformen entstanden sind, weitere Räume und weitere Zeiten. Wir haben erkannt, dass alles gemäß den gleichen oder ähnlichen Gesetzen funktioniert. Den Gesetzen der Gerechtigkeit, des Lichts und der Liebe. Dabei ist die Art Gerechtigkeit, die ihr Menschen euch vorstellt, eine andere. Sie entspricht nicht der Form von Gerechtigkeit, von der hier die Rede ist.

Die göttliche Gerechtigkeit ist eine Form, in der Licht Licht anzieht, Liebe Liebe, Glück Glück und so weiter. Diese Gerechtigkeit ist eine Form von Existenz, sie bildet Existenz. Sie ist eine Form, die in den Zeiträumen des Universums einen eigenen Raum herbeiführt, der durch die Gesetze des Lichts und der Liebe gestaltet wird.

Durch Liebe, die die höchste Form allen Geschehens und aller Existenzen ist und die auch alle Ebenen der göttlichen

*Intelligenz und des göttlichen Lichts sowie der allumfassenden
Energie durchdringt.*

Wir haben begriffen, dass Liebe nicht nur ein Wort ist. Liebe
ist die höchste Form der Intelligenz. Liebe ist eine gewisse physikalische sowie feinstoffliche Form, die alles durchdringt und
miteinander verbindet. Die Form der Liebe hält buchstäblich alle
Elementarteilchen und jegliches Geschehen zusammen.

Auch unsere und eure Körper werden durch Liebe gelenkt.
Die Zellen kommunizieren untereinander durch die Form der
Liebe. Liebe nährt sie, und ohne Liebe gäbe es kein Leben.
Jede Zelle ist mit dem Licht und der Liebe des Universums
verbunden, und diese Liebe hält die Gravitation – die Anzie-
hungskraft – zwischen ihnen aufrecht. Man könnte sagen, dass
Liebe die Form zusammenschweißt und Licht ihr eine be-
stimmte Schwingung und einen Nährwert gibt.

Liebe ist eine physikalische Größe, die Lichtwesen zu euch
zieht, und mit euren Lichtwesen kommuniziert ihr durch liebevolle Sprache. Ohne Liebe würde die Kommunikation mit den
Lichtwesen nicht funktionieren.

Euer Planet wird durch seine Gravitation der Liebe angezogen von der Liebe eurer Galaxis. Und eure Galaxis wird durch
ihre Liebe von der Liebe der göttlichen Energie der Zentralsonne angezogen.

Die Gesetze der Gravitation funktionieren hervorragend!

Euer Planet, der sich auf den Aufstieg in die neuen Dimensionen des Goldenen Zeitalters vorbereitet, wird durch die Liebe
der Zentralsonne der göttlichen Energie angezogen. Alles wird
durch Liebe angezogen. Liebe ist der mächtigste, stärkste und
positivste Magnet, der überhaupt existiert. Ist es da ein Wunder,
dass auch menschliche und tierische Wesen sich durch Liebe
zueinander hingezogen fühlen?

Liebe ist das Schönste, was es gibt. Und wir alle haben das
Privileg, uns ihr immer mehr zu nähern. Und außerdem – sie

selbst zeigt uns den Weg, wie wir uns ihr nähern und wie wir den Weg zu ihr erkennen können, wie wir uns der absoluten Essenz der friedliebendsten Form allen Lebens und jeglichen Geschehens annähern können.

Wir haben verstanden, dass, wenn wir uns auf den Weg der Liebe begeben, wir die Möglichkeit erhalten zu erkennen, was im Leben wichtig ist – und dass wir dann die Möglichkeit erhalten, jegliches Geschehen in diesem unendlichen Universum zu begreifen.

Die Zentralsonne, die mit ihrem Licht und mit ihrer Liebe alle Lebensformen nährt, ist eine fortwährend fließende Energie, die aus diesem Punkt, den wir erwähnt haben, herausströmt. Dieser Punkt ist in allen Räumen und Zeiten unendlich und die aus ihm strömende Lichtenergie ist so unfassbar schön, dass wir alle ihr nahe sein möchten.

Wir alle möchten uns mit dem Herzen dieses Lichts verbinden.

Die aus diesem lichtvollen Punkt strömende göttliche Intelligenz ist in der Unendlichkeit der Zeit und des Raums entstanden.

Stellt euch vor, dass die Unendlichkeit unendlich ist.

Und gerade in dieser Unendlichkeit ist die göttliche Intelligenz entstanden. Sie ist nicht in der Zeit entstanden, sie ist auch nicht im Raum entstanden.

Sie ist in der Unendlichkeit entstanden.

Und das Zeichen für die Unendlichkeit ist die liegene Acht.

Die menschliche Gemeinschaft und viele andere Zivilisationen nutzen die liegende Acht als Zeichen der Unendlichkeit. So ungefähr könnt ihr euch die Unendlichkeit, die sich in der Unendlichkeit befindet, vorstellen.

Wenn die liegende Acht beginnt, sich in alle Richtungen ihres Raums zu drehen, entsteht in der Mitte dieses Zeichens ein Punkt – eine Öffnung – ein Durchgang in den Raum – die Dimension der Unendlichkeit. Das ist der Punkt, aus dem jegliche Existenz Gottes entsteht, so könnt ihr ihn euch vorstellen. Als Ausdehnung in der Unendlichkeit.

Dieser Durchgang verbindet alle Dimensionen und Ebenen des Raums, des Zwischenraums und der Zeit. Durch die fortwährende Rotation eröffnen sich unendliche Möglichkeiten in die Räume und Zeiten des Universums. Und wie wir alle wissen, ist jegliches Leben und jegliche Existenz dieses unendlichen Universums nicht stabil, sie verändert sich und rotiert. Dadurch vergrößern sich die göttliche Intelligenz, das Licht, die Liebe und Energie immerzu, sie erhöhen sich und weitere Lebensformen entstehen und dehnen sich aus.

Das wundervolle Licht der göttlichen Zentralsonne ist so überwältigend, dass man es mit den pulsierenden Formationen vergleichen könnte, die ständig aus ihm herauskommen. Aus bestimmten Winkeln betrachtet sehen diese Gebilde wie Mandalas aus, die solch wirkungsvolle Farben und Formen haben, dass wir sie mit Worten gar nicht beschreiben können. Mandalas haben auf den menschlichen Organismus – und nicht nur auf den menschlichen – eine beruhigende und gleichzeitig kreative Wirkung, denn ihre Form und ihre Botschaft erinnern an die Entstehung allen Lebens im göttlichen Licht. Gleichzeitig binden sie an die Entstehung des Lebens an. Diese wunderschönen Bilder strömen ununterbrochen aus dem Zentrum der göttlichen Sonne, und durch die pulsierende Kraft der Liebe verbinden sie alle möglichen Dimensionen, Räume und Zeiten jeglichen Geschehens miteinander – im gesamten unendlichen Universum und in ihren sämtlichen parallelen Welten, Räumen und Zeiten.

Diese Mandalaformen lassen neue lichtvolle Matrixnetze für neue Welten, Planeten und Universen entstehen. Niemand von euch und auch niemand von uns kann sich bislang vorstellen, wie viele Universen und neue Welten in einer einzigen Sekunde der Zeit entstehen, die ihr als Zeiteinheit wahrnehmt! Eine unendliche, riesige, liebevolle Kraft, die ununterbrochen entsteht und neuen Formen eine Existenz gibt. Die Form und Frequenz der Liebe hält all dieses Geschehen beisammen. Die Matrixnetze, die aus der Zentralsonne herausströmen, verbinden jegliche Zeiten, Räume und Zwischenräume aller bisher entstandenen Existenzen. Bis jetzt, in dieser Sekunde, in der soeben unendliche Möglichkeiten neuer Formen entstehen ...

Die göttliche Intelligenz ist unendlich und lenkt dieses ganze Geschehen. Die göttliche Intelligenz, die ebenfalls ihren Ursprung im Mittelpunkt der Zentralsonne hat, verbindet durch ihre Intelligenz alle Existenzformen untereinander. Jede Existenzform hat die Aufgabe, in ihrer Vollkommenheit zu bleiben und in ihrer Form mit dem Licht der Zentralsonne zu verschmelzen. Die göttliche Intelligenz ist ein »Teil« der göttlichen Welt und Liebe und verschmilzt mit ihnen zu einer Einheit.

Dadurch, dass wir alle in dieser Quelle entstanden sind, tragen wir einen Teil dieser Göttlichkeit in uns.

Vielen menschlichen Wesen (auch anderen außerirdischen Wesen) ist es nicht gelungen, die Göttlichkeit in ihrem Körper zu leben. Viele haben sie vergessen und sich von der göttlichen Quelle abgetrennt. Wenn sie sich aber erinnern, werden sie in ihrem Herzen und in der Seele die Schönheit und Liebe der göttlichen Quelle fühlen.

Die göttliche Intelligenz, welche die lebenden Lebensformen mit ihrer Intelligenz bereichert, sendet verstärkt Impulse der Göttlichkeit zu den menschlichen Wesen, damit sie sich in jeder Zeit und in jedem Raum erinnern können.

Frieden sei mit euch,
Frieden sei mit uns.

2

Der menschliche Himmel

Menschen, die nach dem physischen Tod aus ihrem Körper austreten und den Planeten Erde verlassen, gelangen in göttliche Ebenen des »menschlichen Himmels«. Diese lichtvollen Ebenen existieren nur einen Bruchteil der Zeit von der realen menschlichen Welt entfernt. Es ist, als existierten diese Himmelsebenen zeitlich nur ein wenig vom realen Leben auf dem Planeten Erde versetzt.

Die menschliche Gemeinschaft hat einen »menschlichen Himmel«, die tierische Gemeinschaft hat einen »Tierhimmel«. Es ist aber ganz leicht, sich in diesen Welten zu begegnen, denn die Gedanken verbinden die himmlischen Welten miteinander und die menschlichen Seelen können besuchen, wen immer sie wollen. Deshalb ist es auch möglich, mit einem Gedanken alles in dieser Welt zu verwirklichen, weil hier nicht die feste Materie des menschlichen Körpers existiert.

Die Ebenen des menschlichen Himmels werden durch göttliche Liebe und Licht genährt. Im menschlichen Himmel ist es möglich, sich an die göttliche Intelligenz anzubinden und sie als Frequenz für das eigene Wachstum zu nutzen. Im menschlichen Himmel, der ein bestimmter Raum in diesem unendlichen Universum ist, ist es auch möglich, in Raum und

Zeit zu reisen. Alles ist hier möglich, und zwar deshalb, damit die Seele heilt und sich von den Widrigkeiten und Belastungen der irdischen Welt erholen kann – und damit sich die Seele mit der göttlichen Essenz verbinden kann, die sie auf der Erde möglicherweise vergessen hat.

Wir denken, dass es wichtig ist, euch zu erklären, wie der menschliche Himmel überhaupt aussieht, da wir wissen, dass diese Frage in den Gedanken eines jeden von euch kreist.

Eine universelle Antwort können wir euch darauf nicht geben, denn im Himmel erschafft sich jeder selbst die Realität, die er möchte oder braucht, und daher ist die himmlische Welt sehr variabel. Doch gibt es in ihm gewisse Regeln, die unter allen Umständen gleich bleiben. Es sind die Regeln der Liebe, des Lichts und des Mitgefühls.

Die menschliche Seele kann so lange in den himmlischen Ebenen verweilen, wie es für ihr Wachstum und ihre Heilung wichtig ist. Sie fühlt hier Liebe und das Mitgefühl der anderen Seelen, denen es bereits gelungen ist, in weitere erhöhte Ebenen aufzusteigen.

Aber nun zu euren Gedanken, wie die himmlische Welt aussieht ...

Stellt euch eine wunderschöne, riesige Seifenblase vor. Diese Seifenblase hat die Eigenschaft, sich unendlich auszudehnen, und sie kann weitere Seifenblasen in sich erzeugen. Je nach Bedarf der Seelen, die in diesen durchsichtigen, liebevollen Welten existieren.

Die Blase hat die Eigenschaft, sich auszudehnen, sie hat die Eigenschaft, sich zu teilen. Und wenn eine Seele das möchte, kann sie in andere Blasen – Welten – hinüberwechseln, die sie für ihr Wachstum und ihre Heilung benötigt. Die Blase erfüllt für die Seele eine schützende Funktion, aber gleichzeitig ist sie flexibel in ihrer Größe und in ihrer Durchlässigkeit. (So ungefähr sehen die Räume im menschlichen Himmel aus. Nur für eure Vorstellung.) Und falls sich die menschliche Seele wünscht, in einem anderen Raum oder einer anderen Zeit zu leben, wird ihr Wunsch augenblicklich erfüllt. Durch ihre Gedanken und ihre Reinheit hat sie sich an die göttliche Intelligenz und ihre unendlichen Möglichkeiten angebunden.

Natürlich befinden sich die menschlichen Seelen auf bestimmten Entwicklungsstufen, und diese können nicht beschleunigt oder verlangsamt werden. Aber je nach ihrer Entwicklung hat die Seele die Fähigkeit, sich an die göttliche Intelligenz und ihre Frequenz anzubinden.

Die göttliche Liebe ist in jedem Fleckchen des menschlichen Himmels enthalten, und die göttliche Liebe verbindet auch alles und jegliche Formen, die im menschlichen Himmel vorkommen und gerade existieren. Sie lässt sie vom Schmerz der irdischen Welt heilen.

Im menschlichen Himmel sind alle durch die Liebe Gottes und das Licht Gottes miteinander verbunden. Alle fühlen die Einheit und sind nicht allein. Sie spüren ihre Verbindung zur Einheit der göttlichen Zentralsonne und ihrer Welt.

Im menschlichen Himmel ist es auch möglich, so mit den Lichtwesen zu kommunizieren, wie sich das die Seele des Menschen wünscht. Falls sie sich wünscht, den Engeln, Aufgestiegenen Meistern oder direkt »Gott« in einer menschlichen Gestalt zu begegnen, wird ihr dieser Wunsch erfüllt. Die göttliche Intelligenz ist die intelligenteste Form allen Geschehens, und deswegen ist es kein Problem, die Lichtwesen in der Form eines menschlichen Körpers zu manifestieren.

Für alle menschlichen Seelen ist es außerdem wichtig zu wissen, dass keine menschliche Seele vor ein »göttliches Gericht« gestellt wird. Die Seele »urteilt« selbst über ihre Taten. Sie bekommt die Möglichkeit zu beurteilen, ob ihre Taten richtig waren oder nicht. Doch niemand, niemand anderes urteilt oder bewertet. Der Seele wird mehr oder weniger gezeigt, wie sie sich im menschlichen Körper verhalten hat und wie sich andere dabei gefühlt haben. Dann hat die Seele die Möglichkeit der Wiedergutmachung, entweder durch Selbstheilung oder mit Hilfe eben dieser verletzten Seelen der anderen Personen oder der noch lebenden Menschen.

Die Anzahl der Inkarnationen auf dem Planeten Erde hängt davon ab, wieviel Licht die Seele durch ihre Entwicklung bereits entwickelt hat.

In den vorherigen Büchern haben wir oft beschrieben, dass diese Zeit eine verstärkte Form der lichtvollen Entwicklung menschlicher Seelen bringt. Die dunkle Vergangenheit verlässt euch langsam, und die menschliche Seele erhält die Möglichkeit der verstärkten Anbindung an das Licht der Zentralsonne und an die daraus strömenden lichtvollen Impulse.

Das menschliche Herz heilt und hat so die Möglichkeit, verstärkte Lichteinheiten der göttlichen Energie einzufangen. Die menschliche Seele und ihr Licht nähern sich der Vollkommenheit an. Falls die Seele durch ihre Reinheit alle Parameter ihrer Existenz im menschlichen Körper durchstrahlt und damit auch andere Teile ihrer Seelenfragmente gereinigt hat, die sich in anderen Räumen und Zeitparametern befinden, hat sie die Möglichkeit, im menschlichen Himmel der göttlichen Welt zu bleiben. Sie hat aber auch die Möglichkeit, in einer lichtvollen Form menschliche Kollegen auf dem Planeten Erde zu begleiten und dadurch bei ihrer Entwicklung der Menschheit zu helfen.

Frieden mit euch,
Frieden mit uns.

3

Die zurückgehenden Frequenzen der Angst

Zur Vervollständigung der Informationen über die Zentralsonne ist es notwendig hinzuzufügen, dass mit der göttlichen Zentralsonne das göttliche Zentrum all dessen gemeint ist, das für das gesamte Geschehen von allem, was existiert, zuständig ist.

Eine weitere Zentralsonne befindet sich im Zentrum unserer gemeinsamen Galaxis, die lichtvoll und bewusst jegliches Geschehen unserer Galaxis nährt.

Jeden zu unserer gemeinsamen Galaxis gehörenden Planeten, jeden Stern, alle Sonnen und Monde.

Die Zentralsonne unserer Galaxis verbindet sich bewusstseinsmäßig, lichtvoll und liebevoll mit der göttlichen Zentralsonne, von der vorhin die Rede war. Gleichzeitig ist sie mit sämtlichen Sonnen aller »Untergalaxien« unserer riesigen Galaxis verbunden.

Eure Sonne, die ihr am Himmel seht, ist also bewusstseinsmäßig, lichtvoll und liebevoll mit der Zentralsonne der Galaxis und weiter mit der göttlichen Zentralsonne verbunden.

Eure Sonne hat ihr eigenes Bewusstsein und kommuniziert mit dem gesamten Geschehen und mit allen Planeten eures

Sonnensystems. Sie kommuniziert auch mit dem Planeten Erde und befindet sich in direktem und ununterbrochenem Austausch mit ihm. Eure Sonne verbindet euch, wie bereits im vorangegangenen Buch gesagt wurde, mit dem Bewusstsein der Zentralsonne der Galaxis und mit der Zentralsonne der göttlichen Energie, der Liebe, des Lichts und der Intelligenz.

Im vorigen Buch wurde außerdem kurz aufgeführt, dass die menschliche Gemeinschaft von den Lichtwesen in dieser Zeit dazu aufgerufen wird zu lernen, mit der Seele eurer Sonne, die wir Ra nennen, zu kommunizieren.

Bislang habt ihr mit der Seele der Erde, Gaia, kommuniziert. Viele menschliche Wesen fühlen bei der Kommunikation mit Gaia deren Liebe und können ihre Signale und Botschaften, die Gaia mitteilen möchte, erspüren. Gaia informiert häufig über ihren aktuellen Zustand, darüber, was sie fühlt und was sie sich wünscht, damit die Menschen für sie handeln, damit es ihr besser geht und sie in ihre volle Kraft kommt. Alle vernünftigen Menschen verstehen, dass der Planet Erde ihr Zuhause ist und sie ihr Zuhause liebevoll beschützen und sich liebevoll darum kümmern müssen.

Wenn ihr euch an die Seele eurer Sonne Ra anbindet, erfahrt ihr Informationen, die das Gesamtgeschehen in eurer planterarischen Umgebung des Sonnensystems betreffen. Die Seele Ra kann euch Informationen zukommen lassen, die ihr die göttliche Intelligenz übergibt, denn sie ist in ihrem Bewusstsein und mit ihrem Licht mit weiteren Zentralsonnen der Galaxis und mit der göttlichen Zentalsonne verbunden. Sie ist durch ihre lichtvolle Frequenz verbunden.

Die göttliche Intelligenz ist in jedem Teilchen, das in dieser Welt und im Gesamtgeschehen existiert, enthalten. Alles ist aus dem göttlichen Licht und aus der göttlichen Liebe entstanden, und deshalb ist es möglich, die göttliche Energie überall zu spüren, sofern Seele und Geist des Menschen dafür bereit sind.

Die göttliche Intelligenz, die ebenso ein Teil der göttlichen Zentralsonne ist, ist in jeder Frequenz und in jedem Teilchen, noch im allerkleinsten Teilchen der Lichtenergie oder des Lichtteilchens – Photons – enthalten.

Jedes Lichtteilchen, das in der unendlichen Quelle der göttlichen Sonne entstanden ist, beinhaltet alle Komponenten der göttlichen Frequenz. Somit beinhaltet jedes Lichtteilchen die göttliche Intelligenz, die göttliche Liebe, die göttliche Gerechtigkeit, das göttliche Mitgefühl, göttliche Dankbarkeit, göttliche Freude, göttliche Unendlichkeit, göttliche Lebenskraft und so weiter.

Jedes Lichtteilchen, auch noch das allerkleinste, beinhaltet absolut alle Komponenten der göttlichen Quelle und all ihre Informationen und Möglichkeiten!

Und deshalb kann euch eure Sonne hervorragend mit der göttlichen Quelle verbinden und euch alle Informationen übergeben, die ihr für euer Wachstum und für euren Überblick braucht.

Die Zeit ist gekommen, in der das menschliche Wesen intuitiver wird und beginnt, sich telepathisch zu verständigen. Die Zeiten der Dunkelheit verlassen euch, wenn ihr es erlaubt und euch für eure neue, lichtvolle Realität entscheidet.

Das menschliche Individuum beginnt festzustellen, dass es sein eigener Schöpfer ist. Es beginnt festzustellen, dass sein Überblick über die Gesamtsituation auf der Erde und in der Heimatgalaxis ihm Ruhe verleiht.

Menschen, die sich entschieden haben, sich spirituell zu entwickeln, sind mehr im inneren Frieden als Menschen, die mehr oder weniger haltlos durchs Leben tappen, weil sie bisher nicht intuitiv handeln können. Intuitives Handeln bringt Erleichterung und Überblick über die jetzige Zeit.

Ein Mensch, der auf seine Intuition vertraut, ist an seine Lichtwesen angebunden. Er ist an das Bewusstsein seines Höheren Ichs angebunden und hat vielleicht sogar bereits begonnen, sich mit seinem erhöhten Bewusstsein an das Bewusstsein der Sonne Ra anzubinden, ohne dass er es weiß. Eine verstärkte Intuition gibt dem Menschen die Möglichkeit richtiger Entscheidungen, da dieser Mensch über seine Lichtwesen mit dem höheren Bewusstsein von allem, was ist, verbunden ist.

Sein erweitertes Bewusstsein öffnet Tore und Dimensionen zu weiteren Räumen und zu weiteren Möglichkeiten seiner Realität. Ein erhöhtes Bewusstsein öffnet Horizonte und verbindet mit weiteren Personen, die ihr Bewusstsein ebenfalls erhöht haben. Diese Menschen haben neue Bewusstseinsfelder erschaffen, die sich fortwährend ausbreiten. Die menschliche Intuition wächst dadurch, und das menschliche Individuum hat die Möglichkeit, auf diesem Planeten mit Überblick und ohne Angst zu leben.

Schon oft haben wir darüber gesprochen, wie Angst den Menschen bindet und wie sie ihn in begrenzte Räume seiner Realität sperrt. Die Angst des Menschen trennt ihn von seinen Bewusstseinsdimensionen ab. Angst verkleinert die Herzenskraft und die Möglichkeit der Anbindung an kosmische Frequenzen und die Gesetze der Gerechtigkeit, der Liebe und des Lichts.

Die Angst, die künstlich auf die Menschheit ausgesendet wurde, nimmt endlich an Intensität ab.

Dazu hat die Erleuchtung der Menschheit und die Erleuchung von euch Leserinnen und Lesern beigetragen, die ihr mit eurer Arbeit geholfen habt, die energetischen Felder der Angst zu verkleinern und die Matrixstruktur der Angst zu zerreißen.

Frequenzen der Angst wurden durch die dunklen Mächte bewusst auf die Menschheit übertragen. Sie gelangten in zwei Schichten auf den Planeten Erde.

Die erste dunkle, mit der Frequenz der Angst aufgeladene Schicht verbreiteten sie über die gesamte Oberfläche des Planeten Erde. Das hatte zur Folge, dass das Wurzelchakra der Menschen dunkel und undurchlässig war. Die Menschen wurden vor allem von materiellen Gedanken geleitet. Das Verlangen nach Macht, Geld und Besitztümern beherrschte sie. Zwar können wir noch nicht behaupten, dass die menschliche Gier nach Besitz schon versiegt ist, aber viele helle menschliche Individuen haben bereits die Tragweite der jetzigen Situation verstanden, der unnötigen Sehnsucht nach »ungesunder« Macht und nach Gütern entsagt und sich auf das Normale und einen gesunden Überblick und Konsum umprogrammiert.

Diese Schicht, die auf der ganzen Erdoberfläche verteilt worden ist, existiert jetzt vorwiegend nur noch in großen Städten. Die Zwischenräume dieser Schicht sind schon zerrissen worden.

Die zweite Frequenz und Schicht der Angst wurde durch die dunklen Wesen in einer Höhe von etwa siebenhundert Metern über der Erdoberfläche um den ganzen Planeten herum ausgebreitet. Diese Schicht wurde vor allem durch die Medien genährt, und die auf der Erde lebenden Menschen wurden und werden immer noch durch die Medien förmlich bombardiert und bei jeder Gelegenheit mit Nachrichten aus der Welt konfrontiert, die Angst schüren.

Diese stark negativ schwingende Schicht, die sich um den gesamten Planeten herum befindet, ist teilweise zerrissen und die Struktur ihrer Matrix existiert vor allem über den Ozeanen und über Naturorten nicht mehr.

Dazu beigetragen hat die seit dem Jahr 2018 auf den Planeten Erde strömende Frequenz der kosmischen Liebe, ebenso wie die Arbeit der friedliebenden außerirdischen Zivilisationen, die dem Planeten Erde unermüdlich helfen, sowie das erweiterte Bewusstsein der Menschen, die aufgehört haben, sich an die Frequenz der Angst anzubinden und sich bewusst von ihr abgetrennt haben (Band 2, Seite 168).[1]

---

[1] eBook-Leser von Band 2 verwenden bitte den Suchbegriff »Hiermit befreie ich mich jetzt«, um dort zur entsprechenden Übung zu gelangen.

Es ist notwendig, sich bewusst zu werden, dass Angst die stärkste negative Frequenz ist, mit der euch die dunklen Individuen in ihren Klauen halten.

Und dabei ist es auch vollkommen egal, ob euch die dunklen Wesen oder negative Menschen gefangen halten. Angst erzeugt im Endstadium immer Angst um das eigene Leben und um die eigene Existenz. Angst war und ist teilweise noch immer die am besten durchdachte Strategie aller dunklen Wesen, die sich für die Herrschaft über die friedliebenden Wesen entschieden haben.

Zudem haben wir euch in Band 5, Seite 106, eine Übung mitgeteilt, die ihr benutzen könnt, wenn ihr die Angst loswerden wollt.[2] Zum Auflösen der Angst haben wir die Zahl 7 verwendet. Die Zahl 7 hilft euch dabei, Angst loszuwerden und Gedanken, Emotionen und Informationen des Zellgedächtnisses in Bezug auf Angst zu transformieren, also in Licht zu verwandeln. Nicht ohne Grund haben wir die Zahl 7 gewählt, denn die Schicht der Angst um den Planeten Erde herum befand und befindet sich noch teilweise in einer Höhe von ungefähr siebenhundert Metern über der Erdoberfläche. Die dunklen Wesen wussten, in welche Höhe sie diese Frequenz aussenden sollten und wie sie euch am meisten schaden konnten. Mit der Frequenz der Zahl 7 können wir diese Schicht zum Teil neutralisieren und die menschliche Essenz auf Liebe und Sicherheit programmieren.

Alle Informationen in diesem Buch haben wir gründlich durchdacht und abgewogen. Und *Schritt für Schritt* helfen wir euch und durchschreiten mit euch eine Zeit lang eure menschliche Entwicklung. *Schritt für Schritt* möchten wir euch helfen und euch nützliche Informationen anbieten, die euch bei der Gesamtent-

---

2   eBook-Leser von Band 5 verwenden bitte den Suchbegriff »Die negativen Grundinformationen«, um dort zur entsprechenden Übung zu gelangen.

wicklung helfen können, bei eurer persönlichen Entwicklung ebenso wie bei der Entwicklung der Menschheit.

Doch wichtig ist für uns dabei stets euer freier Wille. Es ist uns äußerst wichtig, dass ihr die freie Wahl habt, euch für unsere Hilfe zu entscheiden.

Wir möchten euch mit unseren Informationen beistehen und euch die Möglichkeit geben, euch in dieser komplizierten Zeit und in diesen komplizierten Situationen auszukennen.

Wir möchten, dass ihr mit unseren Informationen einen Überblick erhaltet und somit selbst lernt, eure Entscheidungen abzuwägen.

Wir möchten euch auf eurem Weg zum Licht und zur Wahrheit helfen. Die Wahrheit gelangt immer mehr ans Licht. Mit eurer erhöhten Spiritualität werdet ihr spüren, wo sich die Wahrheit befindet. Euer Herz wird euch genaue Informationen und präzise Antworten geben. Euer gereinigtes Herz wird euch an die Informationen der Wahrheit, die Tausende von Jahren vor der Menschheit unter der Decke des Geheimnisses verborgen wurde, anbinden.

Euer gereinigtes Herz wird euer bester Helfer bei euren weiteren Schritten zur Wahrheit und bei den weiteren Schritten dieser Inkarnation sein – und euer bester Freund, der euch mit allem Positiven und Liebevollen dieses großen weiten Universums verbindet!

Frieden mit euch.
Frieden mit uns.

4

Euer reines Herz und
euer persönlicher Lichtrat

Jede Pflanze, jedes Tier, jeder Mensch trägt Lichtenergie in sich und somit auch die Liebe und Frequenz der göttlichen Energie. Jede Pflanze, die sich an die Lichtenergie anbinden möchte, trägt die Urinformation ihrer Herkunft, ihrer Entstehung in sich. Und nicht nur jede Pflanze, sondern auch jedes Tier und jeder Mensch trägt seine eigene ursprüngliche göttliche Information, Frequenz und Essenz in sich, die absolut vollkommen sind.

Durch die Lebensweise auf diesem Planeten und das Wirken verschiedenster Einflüsse der Gesellschaft, elektrischer und elektronischer Strahlung sowie durch die Verunreinigung der Umwelt haben die Lebewesen ihre Vollkommenheit teilweise verloren und sich von ihrer Urfrequenz entfernt. In der göttlichen Welt oder Dimension – im göttlichen Raum – kommt es nicht darauf an, wie wir diese göttlichen Räume nennen; absolut alle Urfrequenzen und ihre energetischen Abdrücke sind dort aufbewahrt.

Jede Lebensform und auch jede nicht lebende Form hat im göttlichen Raum ihre Uressenz hinterlassen, damit sie sich jederzeit an sie anbinden, erinnern und sich dadurch heilen kann. Viele Menschen auf diesem Planeten sind von ihrer göttlichen Essenz jedoch noch so weit entfernt, dass sie sich nicht an ihre göttliche Vollkommenheit erinnern können, geschweige denn, dass sie in der Lage wären, sich mit ihrer Hilfe und ihren energetischen Abdrücken, die aus göttlichem Plasma bestehen, zu heilen und zu vervollkommnen.

Viele menschliche Individuen haben sich zu weit entfernt, um verstehen zu können, dass ein reines Herz sie mit ihrer göttlichen Uressenz verbindet.

Viele menschliche Individuen haben sich von ihrem Höheren Ich, das in der Dimension der Ewigkeit siedelt und sie durch diese Inkarnation führt, so weit entfernt, dass sie sich in ihrem irdischen Leben gänzlich verloren fühlen und jegliche Hoffnung auf eine positive Zukunft verloren haben.

Viele menschliche Individuen stolpern durch diese Inkarnation. Sie haben die Verbindung zu ihrem Körper, zu ihrer Seele und zu ihrem Herzen verloren. Sie haben vergessen, dass sie göttliche Wesen sind, die jederzeit die Möglichkeit haben, sich mit ihrer göttlichen Essenz zu verbinden. Sie haben die Verbindung zu ihrem Licht und zu ihrer Liebe verloren, aus der sie entstanden sind.

Die göttliche Intelligenz arbeitet absolut vollkommen, und in ihrem Licht und in ihren Räumen erschafft sie gemäß energetischer Schablonen absolut vollkommene Individuen und Formen. (Nur dass es durch die Zeitverschiebung der umgebenden kosmischen Welt zur Krümmung der flachen Ebenen kommt, in denen Wesen oder Individuen entstehen können, die sich mit ihrer unvollkommenen Entwicklung von der göttlichen Liebe und ihrer Vollkommenheit entfernen. Im Grunde sind auch die dunklen außerirdischen Wesen, die dunkel in der Seele und im Herzen sind, im göttlichen Raum entstanden. Nur sind sie durch ihre Entwicklung von der Normalform, ihrer Norm, abgewichen. Die göttliche Intelligenz liebt aber auch sie und gibt ihnen ununterbrochen die Möglichkeit und den Raum, ihre Entwicklung ins Positive zu lenken und ins göttliche Normale zurückzukehren.)

In den Texten der vorangegangenen Bücher haben wir euch Schritt für Schritt durch einfache Techniken begleitet, die euch dabei helfen, eure irdischen Angelegenheiten zu reinigen. Wir haben euch mit diesen Techniken geholfen, euer System zu reinigen, damit sich fehlerhafte und negative Informationen transformieren können. Mit unseren vorherigen Texten haben wir uns energetisch gemeinsam mit euch auf der Ebene der menschlichen Materie und auf der Ebene der irdischen Angelegenheiten bewegt.

Es war absolut notwendig zu begreifen, was euer Gesamtsystem belastet und welche äußeren Einflüsse euch schaden.

Es war absolut notwendig zu begreifen, dass euer gereinigtes Herz der Schlüssel zur Heilung eures gesamten Seins ist.

Es war absolut notwendig zu begreifen, dass euer reines Herz euch untereinander und mit allen möglichen Dimensionen eurer Zeit und eures Raums verbindet.

Euer reines Herz reinigt und verlässt die dunkle und fehlerhafte Vergangenheit.

Euer reines Herz lässt euch in der Gegenwart leben und euch fühlen, dass Zeit nur eine Illusion ist.

Euer reines Herz ermöglicht euch die Anbindung an die makellose Zukunft, und es ermöglicht euch, Situationen sowie Gegenstände, die ihr für eure Existenz benötigt, zu realisieren und zu materialisieren.

Es war notwendig zu begreifen, dass euer reines Herz der Schlüssel zu allem ist! Zu absolut allem!

Euer reines Herz verbindet euch absolut mit den kosmischen Frequenzen, die alle Möglichkeiten in sich tragen, die ihr benötigt.

Euer reines Herz schafft es, alle Spektren der kosmischen Frequenzen, Farben und Töne zu erfassen.

Euer reines Herz verbindet euch mit der göttlichen Intelligenz, Liebe und dem göttlichen Licht, aus denen die kosmischen Frequenzen bestehen.

Es war wichtig zu begreifen, dass ihr euer Herz nur durch die Arbeit an eurer persönlichen »Befreiung« aus der Gefangenschaft negativer Informationen, Frequenzen und Wesen heilen könnt. Euer geheiltes Herz ist fähig, verstärkt Lichtphotonen zu empfangen, in denen alle Informationen der göttlichen Intelligenz enthalten sind.

In jedem Photon ist eure Urfrequenz enthalten, die ihr in den göttlichen Dimensionen hinterlassen habt. Jedes Lichtphoton trägt eure Information in sich! Jedes Photon trägt die Informationen jeglichen Geschehens und jeglicher Schöpfung in sich! Denn alles ist mit allem verbunden, und die Lichtenergie ist die Energie der göttlichen Intelligenz.

Jedes Lichtphoton hat die Fähigkeit, euch an eure göttliche Essenz zu erinnern. Je mehr euer Herz erstrahlt und neuen Möglichkeiten gegenüber offen ist, desto mehr kehrt ihr zu eurer ursprünglichen Essenz und Göttlichkeit zurück.

Die menschliche Zivilisation hat in der Zeit von Lemurien und teilweise auch in der Zeit von Atlantis ihre menschliche Essenz und ihre Uressenz gelebt. Es ist ihr aber nicht gelungen, ihre Uressenz zu erhalten, denn die dunklen Wesen haben sich in dieses irdische Spiel und in das irdische Leben und Geschehen eingemischt. Deshalb möchten wir euch in diesem Buch helfen, euch an eure Uressenz zu erinnern und sie mit Hilfe einfacher

Techniken wieder zu leben. Wir möchten mit Hilfe energetischer Plasmaabdrücke mit euch arbeiten und euch durch eure Arbeit und eure Erinnerung zur Aktivierung des göttlichen Lichts in eurem Herzen und in eurem System verhelfen. Wir möchten euch helfen, lichtvoll eure Chakren zu aktivieren, die euch Lichtenergie in den Körper leiten.

In diesem Buch möchten wir mit euch wieder einen Schritt weiter gehen ... *Schritt für Schritt* zum Verständnis des gesamten kosmischen Geschehens auf diesem Planeten und zur Aktivierung der Lichtenergie in eurem System.

Wir werden Informationen weitergeben, die euch an die Urenergie Lemuriens anbinden, als die Menschheit in Vollkommenheit gelebt hat. Wir werden euch auch helfen, euch mit dem Reich der Delfine zu verbinden, die ihre Göttlichkeit noch immer in sich tragen und sie niemals vergessen haben.

Wir freuen uns auf den weiteren Weg, auf dem wir euch begleiten dürfen. Mit jedem Satz, jedem Wort, das ihr lest, sind wir wieder frequenzmäßig mit euch verbunden, wie schon bei den vorherigen Büchern und Meditations-CDs. Eure reine Absicht, eure menschliche Realität zu heilen und zu verstehen, öffnet Ausblicke, Dimensionen und Zeiten zu eurer Heilung und erlaubt uns, dass wir uns mit euch verbinden – mit jedem Individuum, das dies liest.

Jeder Leser wie auch Hörer der CDs befindet sich in einer Lichtsäule unterschiedlichster Farben. Solcher Farben, die zur Heilung benötigt werden. Mit eurer Anbindung an die Worte dieser Texte und der Klänge eröffnet ihr eure eigene Möglichkeit zur Heilung. Eine riesige Anzahl an Lichtwesen wird kraft eurer Absicht zu euch gezogen oder fühlt sich gerufen und bewegt sich in eurem Raum und eurer Zeit um euch herum.

Das Licht der Lichtwesen vervielfacht sich, ebenso die Informationen, die von ihnen zu euch kommen, damit euer Geist alles besser verstehen kann. Vielleicht versteht ihr ihre Informationen nicht gleich, aber je mehr euer Licht erhöht wird, umso schneller könnt ihr ihre Informationen dechiffrieren.

Vielleicht versteht ihr ihre Informationen mit der Zeit, wenn ihr bereit dafür seid. Glaubt aber daran, dass ihre Informationen so lange in eurem System erhalten bleiben, bis ihr in der Lage seid, sie zu dechiffrieren und umzusetzen. Jede Information, jede Photoneneinheit, jedes Quäntchen Licht bleibt beim Lesen oder Hören dieser Texte in eurem System gespeichert. Euer Geist beurteilt selbst, wann er diese Informationen oder Anleitungen zur Heilung und spirituellen Entwicklung anwendet.

Wir, die Plejader, arbeiten mit einer großen Anzahl verschiedenster Lichtwesen zusammen. Mit eurer Erlaubnis oder durch eure Absicht, dass wir mit euch lichtvoll arbeiten dürfen, beginnen sich die für euch zuständigen Lichtwesen augenblicklich telepathisch abzusprechen, welche Lösung für eure Situation optimal wäre und welche Entwicklung euer Geist, eure Seele und euer Körper ertragen. Die Lichtwesen würden niemals die Grenzen des freien Willens eines Menschen überschreiten, und sie würden auch keine Bereiche öffnen, die der Mensch entwicklungsmäßig nicht fähig wäre zu ertragen.

Liebevoll verständigen sie sich untereinander und besprechen, welche Situationen und welche Personen sie euch auf dem irdischen Weg schicken, damit ihr eure persönliche Heilung erzielen könnt.

Jeder Leser erhält bei der Erteilung seiner Erlaubnis, dass wir mit ihm arbeiten dürfen, einen sogenannten persönlichen Lichtrat, der aus persönlichen Engeln und Erzengeln besteht, die für die gegebene Situation zuständig sind. Weiter besteht dieser persönliche Lichtrat aus verstorbenen Familienmitgliedern, die sich entschieden haben, euch bei eurem spirituellen Aufstieg und Wachstum zu helfen. Sehr oft sind das Seelen euer irdischen Familie, die zu ihren Lebzeiten auf der Erde spirituell entwickelt waren. Falls sich unter den Verstorbenen eurer Familie keine Personen befinden, die sich zu Lebzeiten spirituellem Wachstum gewidmet haben, werden euch entwickelte menschliche Seelen zur Verfügung gestellt, die euch helfen können. Und eure Verstorbenen begleiten sie mit ihrer Liebe und übergeben ihnen Informationen, die für euer Wachstum notwendig sind, da sie eure Zukunftslinie von ihrer Position aus sehr gut beobachten können.

Zum persönlichen Lichtrat gehören auch Mitglieder eurer zuständigen kosmischen Familie, die Frequenzen des ursprünglichen Planeten weitergeben, der euer kosmisches Zuhause ist. Sie übergeben euch Ausblicke, kosmische Heilfrequenzen und Informationen, die ein erweitertes Bewusstsein betreffen.

Mit eurer Erlaubnis aktiviert ihr den gesamten persönlichen Lichtrat, der oftmals sogar aus mehreren hundert Lichtwesen besteht, häufig auch lichtvollen Naturwesen, die sich seit dem Augenblick eurer Absicht zur Heilung und des Verständnisses eurer Situation um euch herum bewegen.

Vielleicht ist nicht allen von euch bewusst, dass eure Erlaubnis Hunderte von Lichtwesen und Tausende von Heilfrequenzen aktiviert, die mit euch arbeiten und ununterbrochen in eurer Nähe vorkommen.

Nehmt eure Absicht oder Erlaubnis für die Arbeit mit euch nicht auf die leichte Schulter und macht euch bewusst, wieviel Licht und Liebe sich um euch herum befinden! Macht euch bewusst, dass diese Lichtwesen – gemeinsam mit uns – kommen, um euch zu helfen, eure Realität zu durchleuchten, zu heilen und zu verstehen. Macht euch bewusst, dass eure Absicht Dimensionen zu unzähligen Möglichkeiten eröffnet, die letzten Endes zur Verbindung mit eurer göttlichen Essenz und göttlichen Urinformation führen!

Ihr erhaltet dadurch die Möglichkeit, euer gesamtes System an die energetischen Abdrücke eurer göttlichen Vollkommenheit anzubinden! Und deshalb: Erlaubt uns und den Lichtwesen,

mit euch zu arbeiten und euch an die Göttlichkeit des mensch-
lichen Körpers, des menschlichen Geistes und der menschlichen
Seele anzubinden!

Erlaubnis

»Ich erlaube hiermit allen Lichtwesen, Dimensionen, Räume und
Zeiten zu meiner Heilung und zur Rückholung meiner göttlichen Essenz zu öffnen.

Ich erlaube allen Lichtwesen, sich in meiner
Nähe aufzuhalten und mir den optimalen Weg zu meiner
Heilung, zum Verständnis meiner Situation und zur Erweite-
rung meiner Bewusstseinsentwicklung aufzuzeigen.

Ich erlaube allen Lichtwesen, Lichtimpulse auf meine Seele,
meinen Geist und meinen Körper zu übertragen, damit sie mich
an meine Göttlichkeit erinnern können.

Ich erlaube allen Lichtwesen, Lichtimpulse auf meine Seele,
meinen Geist und meinen Körper zu übertragen, damit sie mich
an meine göttliche Essenz anbinden können.

Ich bitte um die optimale Lösung für meine Situation und
für mein Wachstum.

Ich danke allen Lichtwesen und meinem gesamten persönlichen Lichtrat für ihre Hilfe, ihre Informationen und ihr Heilen.

Ich nehme ihre Hilfe mit Dankbarkeit an.

Ich segne alle Lichtwesen, ich segne mich selbst.

Danke. Danke. Danke.«

Wir danken dir für dein Vertrauen. In diesem Augenblick beginnen sich Tore – Dimensionen – zu öffnen, die aus deinem Herzen heraustreten und durch deine Aura verschiedenste Räume und Zeiten durchdringen.

Deine Erlaubnis hat eine unzählige Anzahl an Lichtwesen und Frequenzen herbeigerufen, die dich von diesem Augenblick an begleiten werden. Du wirst ihre Liebe, ihr Licht und ihre Verbindung mit der göttlichen Energie spüren. Du wirst dich gestärkt fühlen. Deine Lichtintensität hat sich damit erhöht und verstärkt.

Die Lichtwesen übertragen auf dich ihre Freude darüber, dass sie sich ihrer göttlichen Aufgabe widmen können – nämlich, Wesen zu helfen, die auf ihrem Weg Hilfe benötigen.

Frieden mit dir,
Frieden mit uns.

5

Eine neue Zahlenkombination – die Zahlenreihe des Vertrauens

Wir danken euch sehr für euer Vertrauen. Schon in den vorherigen Büchern konnten wir dank eurer Erlaubnis und eurer Absicht mit euch arbeiten. Das freut uns sehr.

In diesem Buch geht es um etwas noch Wesentlicheres. Dadurch, dass ihr euch mit eurem gereinigten Herzen und eurem durchleuchteten System an eure göttliche Uressenz anbindet, erlangt ihr in eurer Entwicklung ein höheres Tempo.

Dennoch würde es euch aber nicht gelingen, euch mit eurer Urfrequenz anzubinden, wenn ihr euren Reinigungsprozess überspringen würdet. Wenn euer Körper, Geist und eure Seele dunkle, negative Belastungen in sich tragen, ist es nicht möglich, euch an eure göttliche Essenz gänzlich anzubinden. Vielleicht gelingt euch das teilweise, aber es wird euch nicht gelingen, die grundlegenden Schritte zu eurer makellosen Umprogrammierung zu machen.

Leserinnen und Leser, die gerade dieses Buch lesen und die vorherigen Bücher nicht gelesen, aber auf andere Weise an sich gearbeitet haben, haben natürlich ähnliche Chancen, sich mit Hilfe der nachfolgenden Texte an ihre göttliche Essenz und ihre

Urinformation anzubinden. Jeder von euch ist individuell und jeder von euch hat seinen persönlichen Fortschritt in der Entwicklung. Jeder von euch ist in der Lage zu erkennen, ob sein Herz bereits rein ist und ob bedingungslose Liebe aus ihm herauskommt. Jeder von euch ist in der Lage zu erkennen, ob euer Leben leichter und positiver als früher fließt.

Die energetische Frequenz und das Licht der Menschheit, das zu uns fließt, hat sich intensiviert.

Mit euren transformierenden Reinigungsprozessen habt ihr aus euren Systemen dunkle Regionen entfernt, die die volle Übertragung energetischer Lichtimpulse verhindert haben. Unsere Lichtenergie, unsere Liebe und unsere Informationen können dank der durchleuchteten Stellen in euren Systemen zu euch fließen, sie können dadurch die Lichtenergie besser verteilen. Eure Zellen empfangen die Lichteinheiten der kosmischen Frequenzen und freuen sich über die neu gewonnene Lebensenergie.

Denn: *Licht und Liebe sind Leben.*

Es ist uns gelungen, dank dieser und der Texte der vorangegangenen Bücher die Systeme Tausender von Menschen, die uns vertrauen und sich für eine neue positive Zukunft entschieden haben, zu durchleuchten und zu durchstrahlen. Diese Menschen geben ihr erhöhtes Licht weiter und entwickeln mit ihrer durchleuchteten Seele das Bewusstsein anderer menschlicher Individuen weiter, die den irdischen Weg mit ihnen teilen. Es ist egal, wie lange sie gemeinsam diesen Weg durchleben. Manchmal genügt ein Augenblick oder eine kurze Begegnung, in der die durchleuchtete Seele an die Seele der anderen Person Licht überträgt.

Es kommt lediglich auf die Bereitschaft der anderen Person an. Aber das Licht, das sie ihr übergeben hat, wird niemals vergessen. Jede Seele nimmt das Licht auf und nutzt es bei einer günstigen Gelegenheit zu ihrem positiven Zweck.

Es bricht eine Zeit an, in der sich die menschliche Gemeinschaft auf den Einstieg ins Goldene Zeitalter vorbereitet. Für euren Planeten Erde hat der Aufstieg bereits begonnen.

Am 21. Januar 2019 hat der Planet Erde die ersten Impulse der Zentralsonne verzeichnet.

Es ist ihm gelungen, die ersten Strahlen der Zentralsonne eurer Galaxis und die ersten Strahlen der zentralen göttlichen Sonne zu empfangen und das Licht mit Hilfe bereits vorbereiteter Lichtportale in sein Inneres zu kodieren.

Für euren Planeten hat der Einstieg ins Goldene Zeitalter somit bereits begonnen. Er saugt die goldenen Lichtstrahlen der Zentralsonne geradezu in sein Inneres ein und programmiert sich auf seine göttliche Urfrequenz und Urkraft um. Er programmiert sich auf goldene lichtvolle Farben seiner Existenz um. Er entledigt sich alles Unwesentlichen, alles Dunklen und alles Unbrauchbaren. In unseren Augen – hat er schon lange genug gelitten …

Nun ist es an der Zeit, alles zu heilen und ihm ausreichend Raum und Zeit für seine Heilung zu geben.

Das ganze Geschehen bringt natürlich große Veränderungen für die gesamte Menschheit mit sich. Alles Veraltete, Unbrauchbare, Dunkle, Zerstörerische und Destruktive wird in seinen Grundfesten erschüttert. Jedes menschliche Wesen, das immer noch dunkle unverarbeitete Komponenten in sich trägt, wird ebenfalls in seinen Grundfesten erschüttert …

Viele menschliche Individuen haben die ganze Situation bereits durchschaut und sich auf das Positive umprogrammiert, damit auch ihre Körper die goldenen Frequenzen der Zentralsonne aufnehmen können. Sie haben verstanden, dass sie mit ihrer Umprogrammierung zu ihrer göttlichen Essenz zurückkehren.

Diese Zeit bringt verstärktes Vertrauen und verstärkte Ausdauer mit sich. Viele von euch geraten auf diesem langen Weg außer Atem und wollen kurz vor dem Ziel aufgeben. Viele Individuen haben ihre Hoffnungen und ihre Ausdauer aufgegeben. Wir möchten euch ermuntern und zu verstärktem Vertrauen und zu verstärkter Ausdauer bewegen.

Der menschliche Körper, der sich den goldenen Frequenzen des Goldenen Zeitalters nähert, ist dem ständigen Druck der Außenwelt ausgesetzt, und die Negativitäten, die die Erde gerade abgibt, heften sich sehr häufig an ganze Systeme der menschlichen Wesen an. Wir bitten euch um verstärkte Arbeit an euch selbst! Durchleuchtet bitte jeden Tag eure Systeme mit dem goldenen Licht der göttlichen Intelligenz. Stellt euch in eine »Lichtdusche« und lasst dabei alle Negativitäten gehen.

Auch diejenigen Individuen, die schon lange an ihren Angelegenheiten gearbeitet haben, bilden keine Ausnahme und sollten sich ebenfalls mit goldenem Licht durchleuchten. Es genügt ein negativer Gedanke oder eine Emotion, und die Negativitäten der Außenwelt heften sich augenblicklich an. Alles funktioniert wie ein Magnet. Dunkelheit zieht Dunkelheit an. Licht zieht Licht an.

Doch das wisst ihr ja alle bereits. Uns ist es wichtig, euch mitzuteilen, dass diese Zeit erneut die verstärkte energetische Durchstrahlung der energetischen und physischen Systeme erfordert, damit euch und eurer Erde, die sich gerade gründlich reinigt, geholfen wird.

Wir möchten euch für diese Zeit eine weitere Zahlenreihe mitteilen – einen Zahlencode, der die Dimensionen zu uns öffnet, zum Plejadengestirn und zu den plejadischen Wesen. Diese Zahlenkombination verbindet euch verstärkt mit unserer Frequenz. Sie hilft euch dabei, euch zu schützen, denn durch das Aussprechen, Visualisieren, das Daraufstellen auf die niedergeschriebene Zahlenreihe und durch das Trinken von mit dieser Zahlenreihe programmiertem Wasser intensiviert ihr die Verbindung und Frequenz zu uns. Gleichzeitig werden Informationen zu euch fließen, die das plejadische Licht enthalten.

Diese Zahlenreihe verbindet euch mit unserem erweiterten Bewusstsein, und sie verbindet euch mit der göttlichen Energie. Mit dieser Zahlenreihe werdet ihr nicht nur geschützt sein, sondern auch spirituell wachsen. Eure Verbindung mit uns wird intensiver, lichtvoller und noch liebevoller werden.

Diese Zahlenreihe öffnet die Tore (und nicht nur die sinnbildlichen Tore) zu den Räumen und Zeiten unserer plejadischen Zivilisation. Sie öffnet die Tore und macht sie durchlässig für deine Reisen in Zeit und Raum zwischen dem Planeten Erde und den einzelnen planetarischen Systemen der Plejaden.

Es wurde uns erst jetzt, in diesem Jahr 2020, erlaubt, diese Information an euch weiterzugeben. Früher hätten die menschlichen Wesen nicht damit umgehen können. Es wäre zum Missbrauch dieser Zahlenkombination gekommen.

Nun ist die notwendige Anzahl an Personen, die ihr Herz und ihre Realität durchleuchtet haben, erreicht und unsere Zivilisation vertraut darauf, dass diese Zahlenkombination nicht gegen uns missbraucht und nur zu eurem Nutzen verwendet wird.

Bei Missbrauch dieser Information wird dieser Code, der ein direktes Zugangstor zu uns ist, verändert und in eine andere Kombination und Frequenz umkodiert. Es werden andere Möglichkeiten gefunden, damit sich unsere Zivilisation vor unreinen Absichten schützen kann.

Jetzt aber übergeben wir euch diese Zahlenkombination, wir laden sie mit Liebe, Licht und Schutz vor allem Bösen, was sich auf der Erde befindet, für euch auf.

Wir nennen diese Zahlenreihe »Zahlenreihe des Vertrauens«. Des Vertrauens zwischen unserer und eurer Zivilisation. Gleichzeitig des Vertrauens darauf, dass die Situation auf eurem Planeten schon sehr bald zum Positiven umgewandelt wird. Und dass euch alles Schlechte und Destruktive verlässt.

Wir danken euch für euer Vertrauen.

Anmerkung der Autorin

Diese Zahlenreihe kannst du auf ein Stück Papier schreiben und unter eine Pyramide legen, damit sie auf den Raum deines Zuhauses übertragen wird:

3717

Du kannst auch deinen Kristall damit aufladen. Lasse deinen Kristall mindestens acht Minuten lang auf dieser Zahlenreihe liegen. Wenn du sie auf Wasser programmierst, lasse das Glas Wasser mindestens drei Minuten lang auf dieser Zahlenreihe stehen und trinke es dann nach Bedarf.

Frieden mit euch,
Frieden mit uns.

6

Positive Umprogrammierung deines Unterbewusstseins

Mit der Zahlenreihe **3717**, die wir euch übergeben haben, werdet ihr euch leichter telepathisch an uns anbinden können. Ihr werdet fühlen, dass gewisse Informationen schneller und gezielter zu euch kommen.

Mit dieser Zahlenreihe erzielt ihr den direkten Kontakt zum plejadischen Bewusstsein und unserer Zivilisation.

Eure jetzige Zeit bringt eine verstärkte Form der Kommunikation im Kollektiv mit sich. Die Arbeit im Kollektiv bringt verstärkte Frequenzen und Anbindung an Dimensionen, die zur Heilung wie auch für bestimmte Zwecke, die wir noch näher erklären werden, notwendig sind.

Die kollektive Arbeit energetischen Wirkens wird sich vervielfachen, die Energie formt sich zu einer Spirale und öffnet und berührt durch ihre Anwesenheit mehrere Dimensionen, Räume und Zeiten gleichzeitig.

Wenn ihr diese Zahlenreihe im Kollektiv laut aussprecht, eröffnen sich euch unglaubliche Möglichkeiten des Heilens sowie Möglichkeiten zur telepathischen wie auch visuellen Kommunikation.

Ihr könnt die Zahlenreihe **3717** aber auch zu eurer persönlichen Heilung verwenden, zur Umprogrammierung des Unterbewusstseins.

Ihr alle wisst, dass das Unterbewusstsein Informationen in sich birgt, von denen ihr bewusst nicht die geringste Ahnung habt. Ihr wundert euch, warum sich bei euch manche Programme oder Krankheiten ständig wiederholen, obwohl ihr schon viele Schritte zur Reinigung und Heilung unternommen habt.

Die mitgeteilte Zahlenkombination verbindet euch mit einer bestimmten Frequenz, die auch die tiefsten Schichten eures Unterbewusstseins erfasst.

Wenn ihr mit eurem Unterbewusstsein arbeiten wollt, müsst ihr dabei mit Bedacht und einer Intention vorgehen.

Deshalb ist es notwendig, während des Prozesses der Umprogrammierung in Ruhe zu sein und auch nach dieser Arbeit in Ruhe zu bleiben. Bei der Arbeit mit dem Unterbewusstsein werden in etwa die Frequenzen angesprochen, die auch bei Hypnose verwendet werden.

Es ist wichtig zu wissen, dass ihr mit eurem Unterbewusstsein am besten vor dem Einschlafen oder vor dem Aufwachen arbeiten könnt, in dem Augenblick, in dem ihr unterbewusst schon wisst, dass ihr bald aufwacht. (Zur Durchführung der Umprogrammierung ist die Zeit vor dem Einschlafen natürlich erheblich praktischer als vor dem Aufwachen.)

Das menschliche Unterbewusstsein funktioniert sehr einfach. Es beruht auf dem simplen Prinzip Ja/Nein. Im Laufe des Lebens legen sich im menschlichen Unterbewusstsein unter anderem Informationen ein, die für euer menschliches Leben bedrohlich sind. Dabei geht es eigentlic bei jeder Angst immer um den Verlust der physischen Existenz. Auch destruktive Programme führen letzten Endes zur Angst um eure Existenz.

Beispielsweise führt die Entwicklung des gefühlsmäßigen Eindrucks »Ich werde nicht geliebt« letztlich zum Gefühl des eigenen Untergangs und Todes:

Ich werde nicht geliebt. –> Ich bin nicht gut genug. –> Ich bin nichts wert. –> Die Gesellschaft wird mich verstoßen. –> Ich werde einsam bleiben. –> Ich bin dadurch von allem und allen, von der Lebensenergie, abgetrennt. –> Ich werde leiden. –> Ich werde vor Kummer sterben.

Ein weiteres Beispiel:

Ich bin arm. –> Ich lebe im Mangel. –> Ich werde verhungern.

Die Funktion des Unterbewusstseins könnte man mit dem Selbsterhaltungstrieb vergleichen. Sobald ihr an einer bestimmten Erkrankung leidet, kodiert euer Unterbewusstsein Angst vor dem Verlust der Gesundheit und damit Angst vor dem Zerfall der physischen Hülle ein. Wenn euch bestimmte negative Gedankenprogramme belasten, solltet ihr euch deshalb bemühen, das Unterbewusstsein auf das genaue positive Gegenteil zu programmieren. Zum Beispiel bei dem Programm:

Ich bin arm. –> Ich bin reich!
Ich werde nicht geliebt. –> Ich werde geliebt!
Ich bin nicht gut genug. –> Ich bin gut genug!
Ich bin fettleibig. –> Ich bin schlank!

Bei einer bestimmten Krankheit ist es am besten und einfachsten, euer System auf »Ich bin absolut gesund auf allen Ebenen meines Seins« umzuprogrammieren.

Wenn ihr neue Muster in euer Unterbewusstsein programmieren wollt, verwendet am besten Superlative, wie etwa

Ich bin absolut glücklich auf allen Ebenen meines Seins.
Ich lebe in absoluter Fülle auf allen Ebenen meines Lebens.
Ich bin absolut mit der göttlichen Intelligenz verbunden.

Noch ein Beispiel für dich …

Vor dem Einschlafen, wenn du merkst, dass der Schlaf kommt, beginnt dein Geist allmählich zur Seite zu treten. Deine Seele beginnt sich teilweise von deinem Körper zu trennen. (Während des Schlafs bewegt sich deine Seele über deinem Körper, damit sie sich vom Ablauf des Tages ausruhen kann.)

Und dein Unterbewusstsein beginnt zusehends aktiv zu werden. Dein Unterbewusstsein beginnt alles zu registrieren, was um dich herum geschieht. Es warnt dich auch, falls sich in deiner Nähe eine Gefahr befindet. Es schützt dich bereits seit deiner ersten Inkarnation auf dieser Erde und gibt dir Warnsignale. Es kodiert in deinem System außerdem Informationen ein, die für dein Leben wichtig sind – sogenannte Warninformationen, worauf du in Zukunft achten solltest. Dein Unterbewusstsein hat die reinsten Absichten mit dir. Mit seinen einkodierten Informationen erinnert es dich lediglich an Gefahren, die dich dein physisches Leben kosten könnten. Nicht mehr und nicht weniger.

Dein Unterbewusstsein ist auch dann hundertprozentig aktiv, wenn du beispielsweise bewusstlos bist oder dich während einer Operation in Narkose befindest. Es zeichnet alles auf, was um dich herum geschieht, es zeichnet alles auf, was dir momenten oder irgendwann einmal in der Zukunft schaden könnte.

Wenn du ein spirituell entwickelter Mensch bist und dein System absolut harmonisiert ist, hat dein Unterbewusstsein die gespeicherten Informationen wahrscheinlich an deinen Geist weitergegeben, damit dein Verstand alles analysieren und mögliche Gefahren oder Unannehmlichkeiten kraft der Vernunft ausschließen oder verarbeiten kann.

In dieser momentan komplizierten Zeit hat das menschliche Wesen aber nicht genug Zeit, um zu meditieren. In der Meditation können sich alle Systeme miteinander verbinden und einander Informationen weitergeben. Unterbewusstsein, Seele, Geist, Körper und Aura treten dann in einen Dialog und stimmen sich wieder aufeinander ab.

Fehlt es an der Meditation, kommt es zur Disharmonie und ein Teil des Systems kodiert die Warninformationen, die das Unterbewusstsein empfangen hat, in sich ein. Dadurch entstehen – wie aus heiterem Himmel – destruktive Programme oder Krankheiten.

Mit deinem Unterbewusstsein kannst du genau so kommunizieren wie mit deinem Körper, deiner Seele oder deinem Geist. Es ist Teil deines Ich, es ist wie eine innere Stimme, die du oft in dir hörst. Verwechsle es aber nicht mit dem Programm Ego. Dein Unterbewusstsein ist dein sehr treuer und verlässlicher Lebensführer.

Übung mit passender Affirmation

die dir hilft, dich auf das Positive umzuprogrammieren (z.B. Umprogrammierung einer physischen Krankheit)

Atme abends, kurz vor dem Einschlafen, tief ein und aus und sprich die Zahlenreihe **3717** laut aus. Dadurch verändert sich die Intensität in einer bestimmten Region deines Gehirns zu einer geeigneten Frequenz.

Nun sprich die folgende Affirmation:

»Mein Unterbewusstsein, ich trete hiermit in direkten und absoluten Kontakt mit dir.

Ich programmiere mich hiermit auf das absolut Positive.

Ich befinde mich in absoluter Sicherheit.

Alle Programme, die meine Krankheit betreffen [die Krankheit genau benennen], kannst du jetzt abgeben.

Lasse bitte alle negativen Programme gehen, die meine Krankheit betreffen. [Die Krankheit erneut benennen.]

Das ist mein höchster Wille.

Jetzt und in diesem Raum.

Freiheit, absolute Sicherheit und absolute Gesundheit treten jetzt ein.

Danke. Danke. Danke.«

Atme tief ein und aus und du kannst einschlafen. Dein Unterbewusstsein übergibt diese Informationen an deinen Geist/ deinen Verstand.

Die Umprogrammierung sollte mindestens 21 Tage lang durchgeführt werden. Mache bitte keine Pause. Dein Unterbewusstsein braucht die Sicherheit, dass DU absolut überzeugt bist, dass deine Krankheit [das fehlerhafte Programm] gehen darf.

Wenn du Glück hast und deine Umprogrammierung überzeugend genug ist, verlässt dich deine Krankheit [das fehlerhafte Programm] schon früher.

Sollte deine Krankheit [das fehlerhafte Programm] weiterhin bleiben, wirst du deine Umprogrammierung länger durchführen müssen.

Bei deiner Arbeit mit dem Unterbewusstsein werden auch deine Zellen fehlerhafte und destruktive Informationen abgeben.

Vielleicht wirst du die Reinigung der Negativitäten aus deinen Zellen körperlich spüren.

Auf jeden Fall ist das zusätzliche Arbeiten mit Lichtenergie sinnvoll. Etwa das Stellen unter eine »Lichtdusche« und das gleichzeitige Reinigenlassen mit der Energie und dem Licht der Erde.

Gehe in der Zeit der Umprogrammierung so oft wie möglich in die Natur, damit dein System die fehlerhaften Muster und Programme so schnell und wirkungsvoll wie möglich abgeben kann.

Gleichzeitig kannst du deinen Körper auch entgiften, damit du den Zellen hilfst, die Negativitäten abzugeben und sie sich erneut mit der Lichtenergie verbinden und anfangen können, wieder gesund zu schwingen.

Wenn du während einer Operation in Narkose warst, hat dein Unterbewusstsein auch die Emotionen und Gedanken aller Ärzte, die Gedanken und vielleicht auch die Angst deiner Familienangehörigen gespeichert. Möglicherweise schlummern diese Angst oder die Gedanken der anderen noch in deinem Unterbewusstsein und hindern dich an der absoluten Heilung beziehungsweise Genesung von dieser Operation. (Dein Unterbewusstsein hat alles aufgenommen, auch wenn du bewusstlos warst.)

Wenn du dein Unterbewusstsein von der Zeit der Narkose oder der Bewusstlosigkeit reinigen möchtest, kannst du die folgende Affirmation verwenden:

Übung mit passender Affirmation

die dir hilft, dein Unterbewusstsein zu reinigen
(z.B. nach einer Operation in Narkose)

Atme tief und sprich drei Mal laut **3717**.

Dann sprichst du die folgende Affirmation:
»Mein Unterbewusstsein, ich trete hiermit in direkten und absoluten Kontakt mit dir.

Ich erlaube dir, alle negativen Gedanken und Emotionen der anderen Personen abzugeben, die sich zur Zeit meiner Operation [die Art der Operation genau benennen] in meinem System oder in meiner Nähe befanden.

Du darfst sie jetzt abgeben, und du darfst sie jetzt loslassen.

Ich entledige mich hiermit alles Negativen, das du während meiner Operation [erneut die Art der Operation benennen] aufgenommen hast.

Ich befinde mich in absoluter Sicherheit und Freiheit.

Ich bin absolut gesund auf allen Ebenen meines Seins.

Danke. Danke. Danke.«

Wiederhole dies ebenfalls 21 Tage lang. Den besten Effekt erzielst du wie in der vorherigen Affirmation vor dem Einschlafen. Du kannst sie aber zu jeder Tageszeit anwenden.

Diese Affirmationen dienen als Beispiel oder Anleitung, wie du dich an dein Unterbewusstsein anbinden und mit ihm arbeiten kannst. Es ist aber sehr gut möglich, dass dir dein Geist oder deine Lichtwesen, vielleicht auch unser kollektives Bewusstsein, während deiner Umprogrammierung andere und gezieltere Informationen oder Affirmationen übergeben, die dir zeigen, wie du deine Angelegenheit besser oder detaillierter positiv umprogrammieren kannst.

Vertraue auf die Heilung und vertraue auf die effektivste Lösung deiner Situation. Vertraue darauf, dass die Informationen, die du erhältst, richtig sind. Schließlich ist diese Zahlenreihe, die du ab jetzt immer wieder verwenden kannst, die Zahlenreihe des Vertrauens …

Frieden mit euch,
Frieden mit uns.

7

Erklärung der momentanen Situation auf der Erde und deine Anbindung an die göttliche Zentralsonne

Wie wir im letzten Kapitel schon erwähnt haben: Würde der Mensch regelmäßig meditieren, würden sich beim Meditieren alle Systeme – Geist, Seele, Körper und Aura – zu einer Einheit verbinden. Alle Systeme würden sich während der Meditation harmonisieren und könnten aneinander Informationen übertragen, welche die einzelnen Systeme des Menschen aufgezeichnet haben. Euer Satz, in der Ruhe und Stille liegt die Kraft, entspricht vollkommen den Tatsachen. Dadurch, dass sich die Systeme des Menschen während der Meditation harmonisieren, verschmelzen sie zu einer Einheit und sind durch die göttliche Energie, die makellos ist, verbunden. Viele menschliche Wesen haben sich mit »bloßer« Meditation von schweren Krankheiten geheilt.

Die Anbindung an die göttliche Energie gelingt euch am besten in der Zeit der Meditation oder wenn ihr in eurer Mitte ruht. Oder dann, wenn ihr absolut glücklich oder verliebt in ein anderes

Wesen seid. Euer System strahlt dann so viel Liebe und Behagen aus, dass eure Liebe und euer Licht die göttliche, absolute und heilende Energie und Liebe geradezu anziehen und ihr euch dadurch mit der Göttlichkeit verbindet. Ihr seid durch eure Liebe, euer Licht und Glück mit der göttlichen Quelle verbunden.

Bei der Meditation seid ihr durch eure Ruhe und eure Schwingung mit der göttlichen Quelle verbunden. Ihr befindet euch dann im bereits bekannten Nullpunktfeld, und euer System ist in der Lage, sich mit dem Nullpunktfeld der göttlichen Energie zu verbinden, die alle Möglichkeiten und damit auch alle Möglichkeiten zu eurer Heilung enthält.

Wenn ihr euch bewusst macht, dass ihr nicht von der göttlichen Quelle getrennt seid, sondern im Gegenteil, niemals verbundener wart, gelingt euch die Heilung eurer Angelegenheiten schneller. Trennen tun euch nur euer Geist, eure Gedanken, die oft den Kontakt zur göttlichen Quelle blockieren.

Ihr wurdet sicherlich so erzogen, dass ihr abgetrennt lebt. Die früheren Generationen wurden zu vollkommenem Gehorsam und zu absolutem Respekt vor Gott erzogen. Die Kirche hat sich die größte Lüge aller Zeiten ausgedacht – dass Gott eine übergeordnete Person sei, vor der der Mensch Angst haben müsse und vor der man sich für seine Taten und sein Gewissen rechtzufertigen habe.

Die Kirche hat die Gutmütigkeit und die Neigung der menschlichen Wesen zum Gehorsam missbraucht und die menschliche Gesellschaft durch diese größte Lüge aller Zeiten in dauerhaftes Leid geworfen.

Für uns ist der Glaube an Gott oder an die göttliche Quelle die schönste Angelegenheit, die wir erleben. Der Glaube an Gott oder an die göttliche Quelle – es ist egal, wie wir diese liebevolle Quelle nennen – bedeutet für uns die Übertragung liebevoller und lichtvoller Frequenzen in unsere Herzen und unsere Existenz.

Göttliche Liebe ist für uns die höchste Anerkennung der Existenz überhaupt, die wir erzielen können. Die Verbindung mit der göttlichen Liebe ist für uns die höchste Verbindung, die wir erreichen können.

Göttliche Liebe begleitet uns bei jedem Schritt unserer Existenz und bei jeder Handlung unseres Seins. Auch wir entwickeln uns zur Vollkommenheit. Auch wir waren bereits von der göttlichen Quelle abgetrennt und sind hilflos und ohne Sinn und Ziel in den Tiefen der dunklen Existenz herumgetappt.

Es ist uns aber mit Hilfe unserer befreundeten friedliebenden Zivilisationen gelungen, unsere Vergangenheit zu heilen und uns so mit der liebevollen Frequenz unserer Gegenwart und unserer Zukunft zu verbinden.

Uns ist bewusst geworden, dass wir kontrolliert wurden.

Ja, wir wurden ebenso kontrolliert wie die auf dem Planeten Erde lebende menschliche Gemeinschaft. Doch uns ist bewusst geworden, dass wir die negativen Felder der Vergangenheit verlassen können, sie mit positiver Energie durchstrahlen und uns an die göttliche Quelle anbinden können, wenn wir alle Kraft zusammennehmen und dadurch ein großes starkes positives Kollektiv erschaffen.

Dieser Schritt war für uns absolut notwendig.

Unsere Gemeinschaft befand sich kurz vor dem Untergang.

Bis zum Ende des Jahres 2018 haben wir uns um die menschliche Gemeinschaft durchaus Sorgen gemacht. Wir konnten nicht sicher sein, wie sich die Situation auf eurem Planeten entwickeln würde. Obwohl die notwendige Anzahl an durchleuchteten menschlichen Wesen, die für den erfolgreichen Übergang ins Goldene Zeitalter unverzichtbar sein würde, erreicht wurde, musste weiter Lichtarbeit geleistet werden, damit sich die Frequenz der göttlichen Energie auf eurem Planeten verstärkt.

Jetzt verlassen die dunklen Wesen euren Planeten.

Die dunklen Zivilisationen, die im Inneren der Erde leben, erleben schwere Zeiten, weil göttliche Energie auf die Erde strömt und damit auch ins Erdinnere – und das passt nicht in ihre Pläne und zu den Frequenzen, die sie in sich tragen.

Jeder Mensch, der durchleuchtet ist (wenn auch nur teilweise), ist ein hervorragender Empfänger der göttlichen Energie, die seit Januar 2019 verstärkt auf die Erde strömt. Über sein Herz verbreitet er diese Lichtenergie weiter.

Trotzdem ist es für jeden Einzelnen von euch unerlässlich, in seiner Kraft zu bleiben und sich immer wieder mit dem Licht zu verbinden und sich durch die göttliche Lichtenergie reinigen zu lassen.

Die dunklen Wesen wissen, dass ihre »Mission« auf diesem Planeten, die sie nach wie vor verfolgen, bald beendet sein wird. Dennoch versuchen sie fortwährend, Menschen energetisch anzufallen, um sie in ihrer lichtvollen Schwingung zu schwächen. Sie versuchen weiterhin, ihre dunklen Energiefelder zu verbreiten.

Ihr Kampf gegen das Licht und die Liebe wird vergebens sein.

Der Planet Erde befindet sich bereits auf dem Weg in seine goldene Zukunft. Doch gerade deshalb bemühen sich die verbliebenen dunklen Wesen verstärkt darum, euch Menschen zu beeinflussen. Sie bemühen sich darum, euch mit ihrer Schwingung zu resonieren, und übertragen Gedankenprogramme, bösartige Ansichten oder Verhaltensanweisungen auf euch, die einzelne Menschen dann ausführen.

Die dunklen Wesen besetzen momentan verstärkt politische Kreise und ganze Systeme, um das göttliche Licht auszubremsen. Aber dieses göttliche Licht beginnt sich auf dem gesamten Planeten zu verteilen.

Sie verbreiten Lügen, und in dieser Zeit ist es für jeden Einzelnen von euch sehr wichtig, der eigenen Intuition zu vertrauen. Es ist nicht nötig, in Panik zu verfallen. Bleibt vielmehr in eurer Kraft und in eurem Vertrauen.

Eure Kraft und euer Vertrauen verbinden euch mit der göttlichen Kraft. Sie verbinden euch mit dem göttlichen Vertrauen, das mit jedem Tag auf diesem Planeten stärker wird.

In dieser Zeit kommt es zu einem wahren Umbruch. Es kommt zum Umsturz der negativen Macht. Es kommt zum Austausch von Politikern, von Führungskräften, die mit ihrer Oberflächlichkeit die ganze Welt manipulieren und beherrschen. Es kommt zu Umbrüchen in vielen Richtungen der menschlichen Gesellschaft.

Bleibt bitte in eurer Kraft. Bleibt in eurer Liebe. Nach dem Machtsturz solcher Menschen, die oft gar keine menschlichen Wesen sind, kommt es zu rasanten positiven Veränderungen für die gesamte Gesellschaft. Erfindungen, die schon jahrelang auf ihre Umsetzung in der realen physischen Form warten, werden genutzt werden können.

Mit dem Einsatz der *freien Energie* werden unzählige Probleme gelöst, die zurzeit noch auf der menschlichen Gemeinschaft lasten.

Mit dem Einsatz der *freien Energie* wird die Erzeugung von Strom und anderen kostenlosen Energieformen mühelos machbar sein.

Monetäre Zahlungsmittel werden unnötig werden, da die menschliche Gemeinschaft ihre Gebrauchsartikel wieder selbst erzeugen kann, wie es in Lemurien und Atlantis der Fall war – mit Hilfe von kosmischem Plasma, göttlicher Energie, die überall enthalten ist, in jedem Windhauch auf eurem Planeten, in jedem Atemzug von euch.

Unglaublich viele Ebenen eurer menschlichen Gesellschaft werden geheilt, denn der Mensch wird dank des Plasmas und seiner Herzenskraft in der Lage sein, verstärkt zu visualisieren und dadurch seine Gebrauchsgegenstände und seine Wünsche schließlich zu manifestieren. Aus diesem Grund wird das gesamte finanzielle Netz wegfallen, und Freiheit wird anstehen. Freiheit des Geistes, Freiheit der Seele. *Freie Energie.*

Die Materialisation von Wünschen und Gebrauchsgegenständen könnt ihr nur unter der Bedingung schaffen, dass euer Herz rein ist, dass es sich an die kosmischen Frequenzen anbindet. An die göttlichen kosmischen Frequenzen. Absolut.

Durch die Verbindung des Herzens mit den gedanklichen Plasma-Abdrücken eures Geistes geschieht die Materialisation jeglicher Wünsche. Dazu ist es notwendig, dass euer Herz rein ist, weil die neue menschliche Gemeinschaft nicht die Schaffung neuer negativer Frequenzen benötigt, sondern die Schaffung neuer, reinster Frequenzen.

Freie Energie hilft euch auf allen Ebenen eurer Existenz auf diesem Planeten. Die Generation eurer Kinder und eure zukünftigen Kinder werden euch dazu verhelfen. Es ist notwendig, diese Kinder zu unterstützen.

Es ist notwendig, euren Kindern zu helfen, ihre neuen Gedanken und Einfälle zu realisieren.

Eure Kinder sind eure neue, positive Zukunft.

Eure Gemeinschaft wird wieder die Möglichkeiten der Sonnenenergie nutzen. Erheblich umfassender und effektiver als bisher. Für die Kommunikation wird sie die Kraft und Intelligenz der Kristalle nutzen, die momentan im Inneren der Erde entstehen. Und ihre Netze, ihr Netzwerk. Die Kristalle sind in Netzen organisiert. Die Kristallnetze verbinden euch mit den Kristallschwingungen des Universums.

Ihr strebt nach draußen ...

Alles ist sorgfältig durchdacht.

Hinter den Kulissen allen Geschehens entstehen neue zukünftige Projekte. Es kommt nur darauf an, wie lange sich die dunklen Wesen noch auf der Erde halten ...

Verliert eure Hoffnung nicht. Konzentriert euch auf alles Positive und Liebevolle, das sich auf diesem Planeten und in jedem Menschen befindet. Konzentriert euch auf das Positive, nicht auf das Negative.

Gebt eure Kraft in positive Projekte und positive Gedanken. Verlasst alles Dunkle und Destruktive. Habt keine Angst, eure Ansichten und neuen Gedanken zu zeigen. Eure Gedanken und Gefühle erzeugen neue Lichtfelder um euch herum, und euer ganzes System kann sich mit ihrer Hilfe durchleuchten. Ihr lebt in einer Zeit, die bedeutend, wichtig und revolutionär ist. Ihr habt euch für diese Zeit entschieden mit eurer Inkarnation. Ihr habt euch dafür entschieden, Teil dieses Plans zu sein, und ihr habt euch dafür entschieden, mit eurem Licht auf der Erde etwas zum Positiven zu verändern.

Denkt oft an diese Tatsache.

Ihr habt euch für diese bedeutungsvolle Zeit entschieden, und ihr könnt viel verändern. Oft genügt ein neuer positiver Gedanke, der sich mit weiteren menschlichen Gedanken dieser Zeit verbindet, dieser Zeit und dieser Inkarnation.

Und die Neue Zeit ist da!

Nun möchten wir euch eine sehr einfache, aber gleichzeitig wirkungsvolle Methode übergeben, wie ihr das Licht in eurem Herzen erhöhen könnt. Diese Erhöhung dient dazu, euer Licht an die Zentralsonne anzubinden.

Dieses erhöhte Licht verbindet euch mit dem göttlichen Licht, das ihr in eurem Herzen tragen könnt. Verbindet euch damit, damit ihr es in eurem System tragt. Dadurch erhöht ihr eure Frequenz. Ihr helft nicht nur euch selbst, sondern auch anderen. Ihr helft dem Planeten Erde. Eure Intuition, Telepathie, spirituellen Fähigkeiten und Heilung können dadurch angehoben werden. Ihr werdet mit dem Bewusstsein eurer Sonne verbunden sein, mit dem Bewusstsein der Zentralsonne eurer Galaxis und mit der Zentralsonne der göttlichen Quelle. Erhöhtes Bewusstsein, Licht und Liebe werden fortwährend zu euch strömen.

Übung zur Erhöhung des Lichts im Herzen

»Atme tief.

Lasse in deinem Herzen ein Licht erstrahlen, das sehr klar und lichtvoll ist. Es sieht wie eine Sonne in deinem Herzen aus.

Lasse aus deinem Herzen einen Lichtstrahl heraustreten, der sich mit eurer Sonne verbindet. Mit ihrem Licht und ihrem Bewusstsein.

Lasse diesen Lichtstrahl weiter heraustreten, bis in die Mitte der Galaxis, und verbinde dich mit der Zentralsonne eurer Galaxis. Die Zentralsonne eurer Galaxis empfängt den Lichtstrahl und verbindet ihn mit ihrem Wissen.

Lasse deinen Lichtstrahl jetzt noch höher steigen.

Verbinde dich mit dem Licht und der Liebe der Zentralsonne. Du fühlst die Liebe und das Licht der Zentralsonne der göttlichen Quelle.

Wenn du das Gefühl hast, dass die Liebe und das Licht der göttlichen Quelle zu dir kommen und du dich mit ihr verbunden fühlst, lasse diesen Lichtstrahl zur Zentralsonne eurer Galaxis strömen. Und dann zu eurer Sonne. Danach zu deinem Herzen.

Lasse diesen Lichtstrahl anschließend wieder zu eurer Sonne strömen, weiter zur Zentralsonne eurer Galaxis, zur göttlichen Zentralsonne, dann wieder zurück zu dir, sodass die Lichtenergie und Liebe ständig kreisen.

Zur Sonne. Zur Zentralsonne. Zur göttlichen Zentralsonne. Und zurück.

Die Energie kreist und lässt nicht nach.

Atme tief.«

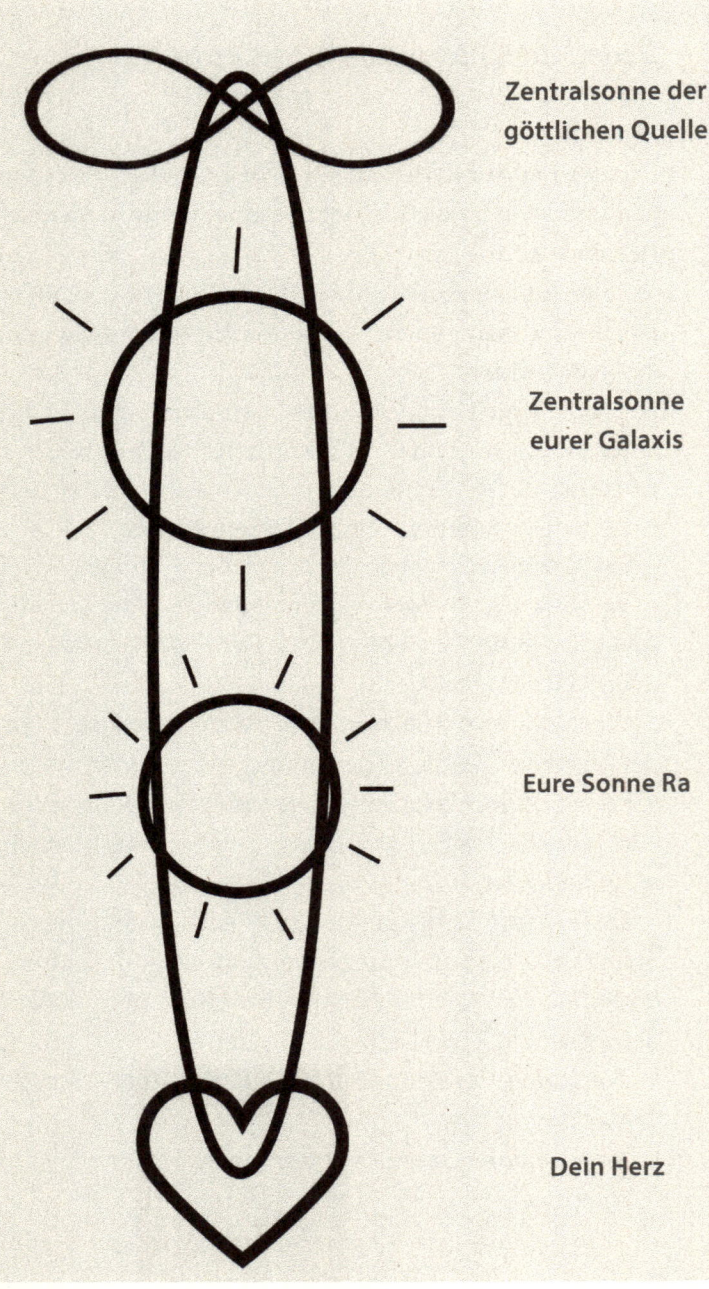

Zentralsonne der
göttlichen Quelle

Zentralsonne
eurer Galaxis

Eure Sonne Ra

Dein Herz

68

Es ist möglich, dass du eine Zeit lang unterschiedliche Empfindungen wahrnimmst, denn dein System muss sich zunächst auf seine Urfrequenz umprogrammieren. Wahrscheinlich wirst du eine Weile brauchen, bis dein physisches Herz sich an den Empfang so intensiver Energien gewöhnt.

Jede Zelle in deinem Herzen muss sich erst einmal frequenzmäßig erhöhen und die höheren Frequenzen zulassen, die jetzt zu ihm fließen können.

Doch du empfängst jetzt fortwährend göttliche, lichtvolle Liebe und lichtvolle Energie. Die göttliche Intelligenz strömt immer stärker zu dir.

Frieden mit euch,
Frieden mit uns.

8

Die Seele eurer Sonne meldet sich zu Wort und informiert euch

Die Seele eurer Sonne meldet sich gerade in diesem Augenblick zu Wort. Sie möchte euch ein paar Worte oder Sätze mitteilen, die euch auf dem Weg des Aufstiegs helfen:

»Ich, Ra, die Seele eurer Sonne, die mit ihrem Licht jeden Teil eures Planeten Erde durchleuchtet, spreche zu euch.

Mein Licht, das auch ein unerbittliches Strahlen sein kann, übergibt euch Lebensenergie.

Mein Licht verbindet euch mit weiteren Planeten und Planetensystemen eurer Galaxis. Es verbindet euch mit weiteren Sonnen eurer Galaxis, es verbindet euch mit dem Bewusstsein der Zentralsonne eurer Galaxis und mit der Zentralsonne der göttlichen Quelle. Licht überträgt Licht, und die mächtige Kraft des galaktischen Geschehens strömt ununterbrochen zu mir. Die Kraft der Galaxis übertrage ich gerade jetzt mit meinen Strahlen auf euch.

Auch wenn euch mein Licht unerbittlich und qualvoll erscheint, liebe ich mit meinem Licht jedes Wesen, das auf diesem Planeten lebt.

Die globale Erwärmung, die ihr auf dem Planeten erlebt, wurde teilweise durch die Unvernunft von Wesen verschuldet, die mit dem Planeten Erde spielen. Die Erwärmung, die auf der Erde abläuft, ist aber größtenteils natürlich.

In früheren Zeiten gab es auf der Erde ein sehr mildes Klima. Es gab keinen Schnee, es existierte kein Eis. Zur Abkühlung kam es erst, nachdem ein Zusammenstoß eures Planeten mit einem riesigen Meteoriten erfolgte, der den Planeten Erde aus seinem natürlichen planetarischen Umlauf verschob. Die Erde erlitt unglaubliche Verluste, und es brachen große Veränderungen an.

Es kam zum Aussterben einer großen Anzahl von Lebewesen, die sich auf dem Planeten befanden.

Die Achsen des Planeten Erde wurden durch den Zusammenstoß aus dem Gleichgewicht gebracht. Euer Planet musste sich sehr lange von diesem Kollaps erholen. Ich habe ihn mit meinem Licht und mit meiner Kraft durchstrahlt und mit den heilenden Strahlen der göttlichen Zentralsonne verbunden.

Vom Morgengrauen bis zur Abenddämmerung der planetarischen Zeitzonen habe ich der Erde diese heilenden Strahlen übergeben. Die Natur begann sich zu regenerieren, und es konnten sich erneut Lebewesen entwickeln. Friedliebende außerirdische Zivilisationen brachten Tiere und Pflanzen auf den Planeten, die eine geeignete Heimat fanden und sich ansiedeln konnten.

Der Planet Erde steigt nun in höhere Bewusstseins- und Lichtdimensionen auf. Das bringt Wärme und Licht mit sich. Die Achsen des Planeten beginnen sich in den ursprünglichen Zustand zurück zu schieben.

Nach einiger Zeit wird sich der Planet unter den klimatischen Bedingungen wiederfinden, wie sie vor dem Zusammenstoß mit dem bereits erwähnten Meteorit bestanden haben.

Sobald die menschliche Gemeinschaft anfängt, freie Energie zu nutzen, wird sich das gesamte System auf dem Planeten ausgleichen.

Die Erde wird nicht mehr aus ihren Reserven schöpfen müssen, der Mensch wird aufhören, in ihrem Inneren herumzuwühlen. Freie Energie wird dem menschlichen Wesen Wohlstand und Ausgewogenheit auf allen Ebenen verleihen, und der Planet Erde und seine Seele Gaia werden sich erholen können. Momentan muss Gaia noch oft aus dem Planeten Erde an die Oberfläche treten, um sich zu erholen, zu regenerieren und Kraft zu tanken. Sehr häufig verbinden wir unsere Energien, um uns gegenseitig zu unterstützen.

Ich, Ra, verbinde euch mit dem Bewusstsein und dem Licht der göttlichen Sonne, der göttlichen Quelle.

Die Zivilisationen der Azteken, Maya, Rabi, Hindu und weitere haben ein ums andere Mal mit mir kommuniziert. Ich habe ihnen Informationen übergeben, welche die Entwicklung des Planeten Erde betrafen, sowie Informationen über planetarische Zusammenhänge eurer Galaxis.

Das erhöhte Bewusstsein des Planeten Erde und das erhöhte Bewusstsein der Menschheit lassen das Gesamtgeschehen auf Ebenen des kosmischen Wissens aufsteigen, das immer noch vor euch verborgen wird.

Bisher war euch nicht bekannt, welche planetarischen Zusammenhänge den Planeten Erde beeinflussen, und so lebt ihr nach wie vor in Unsicherheit und in Angst vor der Zukunft. Es werden euch Informationen vorenthalten, was euch im Dunkeln tappen lässt und verhindert, dass ihr euch entwickelt. Ihr wurdet bewusst vom galaktischen Geschehen abgetrennt, und so war es euch gedanklich bisher nur möglich euch auf diesem Planeten zu bewegen. Weiter haben eure Gedanken nicht gereicht. Dabei ist eure Galaxis, die wunderschön und magisch ist, euer Zuhause. Eure Galaxis – so wunderschön, farbenprächtig und vielfältig.

Ich, Ra, durchleuchte mit meinem Licht auch andere Planeten und verbinde deren Leben mit dem Wissen der göttlichen Intelligenz.

Verbindet euch während der Meditation oder in einem Augenblick, in dem ihr Ruhe in der Seele findet, mit meinem Licht. Verbindet euer Herz mit meinem Bewusstsein und lasst Bilder zu euch kommen, die ich eurem Geist sende. Ihr werdet sehen, wie wunderschön und intelligent diese Galaxis ist. Ich werde euch mit ihrem Bewusstsein verbinden und mit ihren Informationen, die ihr benötigt.

Ich verbinde euch mit der Intelligenz der göttlichen Zentralsonne, sofern ihr bereit dafür seid.

Verbindet eure Herzen mit meinem Licht, mit meiner Seele Ra, und lasst Informationen zu euch kommen, die ihr braucht. Jedes Lichtteilchen in eurem Herzen verbindet euch mit dem Licht der göttlichen Zentralsonne.

Ich liebe euch.«

Anmerkung der Autorin

Wenn du willst, lasse das Licht zwischen deinem Herzen und der Sonne kreisen, um so in ständiger Verbindung zu bleiben.

Falls diese Anbindung für dich zu stark ist, trenne dich von diesem lichtvollen Umlauf ab und lasse danach einfach dein Herz erstrahlen. Das gilt auch für die vorherige Übung bei der Verbindung mit allen Sonnen.

Du kannst die Seele der Sonne, Ra, darum bitten, dir zu zeigen, wie die einzelnen Planeten unseres Sonnensystems aussehen. Wie ihre Oberfläche aussieht, welches Leben sich darauf befindet. Mit Hilfe der Seele der Sonne kannst du visuell durch unser Sonnensystem oder unsere Galaxis reisen.

Du erweiterst dadurch deinen Horizont und deine Wahrnehmung über unsere Heimatgalaxis.

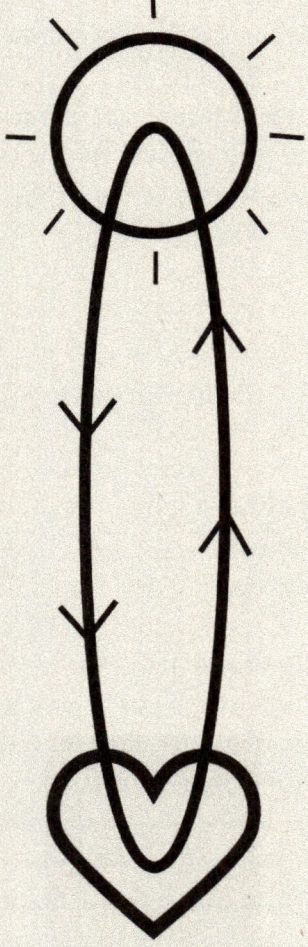

Eure Sonne Ra

Dein Herz

Ein paar Sätze von den Plejadern

Wir sind sehr dankbar, dass die Seele der Sonne, Ra, sich gemeldet und angefangen hat, mit euch zu kommunizieren. Wieder einmal zeigt sich: Mit diesem Buch gelangen wir in neue Ebenen des spirituellen und kosmischen Wissens.

Es ist mehr als klar, dass das menschliche Wesen vom Gesamtgeschehen des Kosmos nicht wegzudenken und alles absolut miteinander verbunden ist.

Vielleicht seid ihr bei der ersten Kommunikation mit der Seele der Sonne, Ra, noch voller Vorsicht oder ihr zweifelt daran, ob ihr wirklich mit ihr verbunden seid, aber bei häufigerer Anbindung werdet ihr feststellen, dass die Informationen des kosmischen Geschehens intuitiv zu euch fließen.

Diese Anbindung dient der Erweiterung eures menschlichen Blickfelds, so dass ihr das planetarische Geschehen um euch herum besser versteht. Und welche Art der Informationsübertragung wäre besser als eine, die euch direkt erreicht und euren Geist mit Informationen füllt, auf die ihr schon lange gewartet habt?

Solche Informationen sind für euch notwendig. Die menschliche Gemeinschaft wird in Unklarheit und Desorientierung gehalten durch Personen, die ihren Besitz und ihre Macht dazu missbrauchen, den Planeten Erde mehr oder weniger zu beherrschen. Sie stellen den Menschen keine Informationen über das Leben auf benachbarten Planeten zur Verfügung. Sie stellen keine Informationen darüber zur Verfügung, dass sie selbst schon längst auf Nachbarplaneten reisen und mit benachbarten Zivilisationen in Verbindung stehen. Sie treffen sich mit dunklen Zivilisationen. Sie halten die menschliche Gesellschaft »am Boden« und sorgen dafür, dass ihr eure Kenntnisse über die Nachbarwelten nicht erweitert.

Diese Machtpersonen wissen, dass die Menschen, wenn sie solche Kenntnisse besäßen, neue gedankliche Bewusstseinsfelder erschaffen würden, morphogenetische Felder, die sich über den ganzen Planeten verbreiten, so dass jeder Mensch die Möglichkeit hätte, sich daran anzubinden, wenn er seine Umgebung zu erforschen beginnt. Deshalb haben sie den Zugang zu den Gesamtinformationen lieber begrenzt, damit sich das menschliche Individuum nicht entwickeln kann und die Hoffnung in sich begräbt, dass außerirdische Völker existieren, die Zuneigung und Liebe für die Menschen empfinden.

Diese Machtpersonen lassen die menschliche Gemeinschaft in absoluter Einsamkeit leben. Sie lassen die menschlichen Personen auf diesem kleinen Planeten leben, ohne dass sie die Möglichkeit haben, den Planeten zu verlassen und so die Zahl der Familienfreunde der kosmischen Familien zu erhöhen. Die menschliche Gesellschaft ertrinkt buchstäblich in überfüllten Städten. Die Menschen können zwar mit Hilfe von Flugzeugen auf andere Kontinente der Erde reisen, aber sie haben keine Ahnung, dass das Reisen auf andere Planeten und das Besuchen freundlich gesinnter außerirdischer Zivilisationen für die anderen außerirdischen Zivilisationen vollkommen normal ist.

Dadurch, dass den Menschen die Fähigkeit der Materialisation mit Hilfe der eigenen Kraft und mit Hilfe der Eigenschaften des kosmischen Plasmas genommen wurde, ertrinkt die menschliche Zivilisation in ihrem eigenen Müll und überflutet sich mit Produkten, die im Grunde gar nicht notwendig sind.

Durch eure Anbindung an die Seele der Sonne, Ra, und die Informationen, die ihr dadurch erhaltet, bekommt ihr die Möglichkeit, euren Horizont zu erweitern und eure Umwelt besser kennen zu lernen. Wir möchten, dass ihr euch eure eigene Meinung bildet und aufhört, durch mächtige Personen dieser Welt beeinflussbar zu sein.

Unsere große Aufgabe ist es, die Augen und Herzen der menschlichen Individuen zu öffnen. Deshalb helfen wir euch, eine Anbindung und Verbindung mit der umliegenden Welt des Planeten Erde zu erreichen. Wir wünschen uns, dass die Menschheit die göttliche Liebe fühlt und auf jene heilvolle Ebenen zurückkehrt, in denen sie sich zu Beginn ihrer Ära auf diesem Planeten befand.

Frieden mit euch,
Frieden mit uns.

9

Die spirituelle Bedeutung der Chakren und dazu passende Affirmationen

Das Verständnis all dieses für euch noch neuen Wissens führt zur Erhöhung der lichtvollen Einheiten und Frequenzen im Gesamtsystem des menschlichen Individuums. Erweitert sich das Bewusstsein eines Menschen, so bringt das neue morphogenetische Felder hervor, die sich in seiner Realität bewegen und sich mit weiteren morphogenetischen Feldern anderer menschlichen Individuen verbinden.

Die göttliche Intelligenz hat euch Menschen mit einem wunderschönen Körper beschenkt, der unter normalen Umständen absolut an die kosmische Energie und das Licht angebunden ist, das diesen Körper und dessen gesamte energetische Struktur nährt. Dazu nutzt der menschliche Körper mehrere Energiesysteme, die ein unerlässlicher Bestandteil von ihm sind. Er bedient sich der Chakren, Meridiane und Punkte, die ihr Menschen Akupunkturpunkte nennt, durch die Energie strömt oder fließt. All diese Systeme sind vollkommen durchdacht. Sie verbinden den Menschen mit dem Matrixnetz des Planeten Erde und gleichzeitig mit dem Matrixnetz der Heimatgalaxis. Sie werden durch die göttliche kosmische Energie und Liebe genährt, die das menschliche Wesen energetisch, lichtvoll und liebevoll, versorgen.

Durch die unnatürliche Art und Weise, wie der Mensch zurzeit auf dem Planeten Erde lebt, kam es bei vielen von euch zum Zusammenbruch der Energiesysteme und dadurch zu einer verminderten Versorgung mit kosmischen Frequenzen.

Lebensthemen, die oft künstlich übergestülpt worden sind, haben die Chakren des Menschen verschlossen, so dass er von der lebensspendenden Energie abgetrennt wurde und nicht mehr in das große kosmische Ganze hineinpasst.

Verschlossene oder nur teilweise durchlässige Chakren, die das Hauptsystem für den Empfang kosmischer Energien darstellen, führen zur Erkrankung von Organen und zur Abtrennung des Menschen von der Heilung und den Möglichkeiten des Kosmos. Beherrscht dann ein Lebensthema das gesamte Denken des Menschen, übernimmt es die Führung über die Essenz dieses Menschen auf der Erde, über seine Existenz, und beginnt, in alle Lebensbereiche dieses Menschen vorzudringen.

Verschlossene Chakren trennen dich von der Ganzheit des Kosmos ab und sie trennen dich von der Liebe und dem Licht der göttlichen Quelle ab.

Verschließen sich die Chakren oder wird ihre Aktivität eingeschränkt, lässt das den Menschen einsam sein und in unzureichender Selbstliebe leben.

Ein Mensch, dem keine Selbstliebe zufließt, kann nicht gesund werden, weil die mangelnde Liebe zu sich selbst ihn nicht liebevoll zu anderen liebevollen Personen oder Frequenzen hinzieht. Ein Mangel an Selbstliebe begrenzt in allen Lebensbereichen.

Das kosmische Licht, das euch durch die Chakren hindurch erreicht, bringt alle Heil- und Lebensenergien mit sich.

Doch wenn ihr bestimmte Lebensthemen in euch tragt und ihr diese Themen nicht verarbeitet habt, ist es nicht möglich, dass ein Chakra die volle Durchlässigkeit für die erforderliche Frequenz aufrecht erhält.

Manchmal genügt zur Verarbeitung oder Heilung eines Themas schon das bloße Wissen darum und ein entsprechendes Verständnis. Manchmal genügt es auch, wenn ihr versteht, welche Botschaften euch die ständige Wiederholung bestimmter Situationen für euer Wachstum bringen. Und wenn ihr euer Verhalten dann entsprechend anpasst, verlässt euch dieses Thema ein für alle Mal.

In gewissen Fällen ist es jedoch notwendig, das Lebensthema zu verarbeiten und die eigene Realität eine Zeit lang verstärkt zu durchleuchten. Wir verweisen hier auf die Übung in Band 3, Seite 130, zur Ausrichtung deiner Matrix auf den Urzustand,[3] und auf die Übung in Band 5, Seite 107, zur Transformation negativer Emotionen.[4] Ihr könnt euch auch jeden Tag in eine »Lichtdusche« stellen.

Kommen wir zur Funktion der Chakren …

Der Körper des Menschen besitzt als Hauptchakren – vom unteren Ende der Wirbelsäule aufwärts gesehen – Wurzelchakra, Sakralchakra, Solarplexus, Herzchakra, Halschakra, Ohrenchakren, das Dritte Auge und die Krone.

Über dem menschlichen Körper befinden sich weitere Lichtchakren, die den Menschen mit dem kosmischen Wissen und den Urfrequenzen der Nachbarplaneten des heimatlichen

---

3 eBook-Leser von Band 3 verwenden bitte den Suchbegriff »Der Raum spielt keine Rolle«, um dort zur entsprechenden Übung zu gelangen.

4 eBook-Leser von Band 5 verwenden bitte den Suchbegriff »Die negativen Grundinformationen«, um dort zur entsprechenden Übung zu gelangen.

Sonnensystems und der Heimatgalaxis selbst verbinden. Diese Lichtchakren haben die Aufgabe, euch verstärkt an die göttliche Energie und die Urfrequenzen von allem, was ist, anzubinden: an alles Ursprüngliche, die ursprünglichen Formen und ursprünglichen Frequenzen von allem, was ist, an die Urmatrix eurer Persönlichkeit.

Wenn ihr euch an eure Uressenz anbinden möchtet, vollzieht sich die Anbindung über eben diese Lichtchakren. Sie sind direkte Durchgänge zur göttlichen Intelligenz. Der Anbindung an eure Essenz über diese Lichtchakren schließen sich euer gesamtes Chakrensystem und noch weitere Energiesysteme eures Körpers an – und am meisten manifestiert sich die Anbindung eurer Uressenz im Herzchakra.

Der Körper des Menschen hebt sich zurzeit frequenzmäßig und lichtvoll ununterbrochen an und erschafft so neue Kapazitäten und Potenziale für die Ankunft des kosmischen Lichts und der kosmischen Informationen. Aktuell entstehen im Körper, über dem Körper und unter dem Körper weitere Energiezentren, die man mit den Chakren vergleichen könnte, die für neue Funktionen des menschlichen Lichtkörpers zuständig sind.

Durch die Arbeit mit lichtvoller Heilenergie aktivieren sich außerdem Chakren, die sich in den Handflächen und Fußsohlen des Menschen befinden.

Unter dem menschlichen Körper befinden sich ebenfalls Lichtzentren. Das sind Chakren, welche die Intelligenz und Kraft der Erde aufnehmen. Sie dienen der direkten Kommunikation mit den Frequenzen eures Heimatplaneten.

Desweiteren beinhaltet der menschliche Körper eine große Anzahl an Mikrochakren, welche die Erdenergie und die feinstoffliche Energie des Lichts der Erde aufnehmen. (Die Erde strahlt nicht nur Energie aus, sie strahlt auch Licht aus.)

Das gesamte energetische System des Menschen ist also darauf ausgerichtet, sämtliche feinstofflichen Energien und Lichtfrequenzen, die es in seiner natürlichen Umgebung vorfindet, aufzunehmen und durch sich hindurchfließen zu lassen. Es ist an ein natürliches Leben auf diesem Planeten angepasst und an die Frequenzen des umgebenden Geschehens in seiner Heimatgalaxis angebunden. Seine Heimatgalaxis ist wiederum mit weiteren Galaxien und Welten verbunden, die zu diesem einen riesigen unendlichen Universum gehören. Und alles, was existiert – alle Welten, alle Galaxien, alle Räume und Zeiten –, ist durch Liebe miteinander verbunden. Durch die Frequenz und das Licht der Liebe. Der göttlichen Liebe.

Und die göttliche Liebe strömt zum Menschen. Zu jedem einzelnen Menschen. Und der Mensch nimmt sie mit Hilfe der Chakren auf. Alles ist verbunden. Mit allem verbunden.

So wundervoll hat die göttliche Intelligenz das alles eingerichtet …

Jeder Mensch weist diese Chakren auf, und ein Jeder von euch kann mit seinen Chakren arbeiten. Dazu möchten wir euch jetzt Affirmationen an die Hand geben, die euch helfen, eure Chakren positiv zu beeinflussen. Durch deine Arbeit an den Chakren bringst du dein Lebensthema, das du möglicherweise noch in dir trägst, in Bewegung. Negativitäten oder veraltete Muster, die zu diesem Thema gehören, werden beginnen, sich aus deinen Chakren zu lösen, und du wirst verstärkt die sich darauf beziehenden Einzelheiten erkennen und sie so gezielter verarbeiten können. Ganze Energiefelder, die sich auf ein bestimmtes Chakra und auf dieses Thema beziehen, fangen dann an, sich zu bewegen, und du kannst sie transformieren oder dich kraft deiner Absicht zur Heilung von ihnen abtrennen.

Auch die Zahlenreihe **3717** kann dir helfen, wenn du dein Problem mit Hilfe der Affirmationen bei der Arbeit mit deinem Unterbewusstsein positiv umprogrammieren möchtest … damit deine Chakren wieder die Liebe der göttlichen Energie und die Liebe allen Geschehens um dich herum aufnehmen.

Für jedes einzelne Chakra kannst du die Übung zur Ausrichtung deiner Matrix auf den Urzustand anwenden (Buch 3, Seite 130). Diese Übung ist für alle Arten der Heilung deines Systems geeignet, nicht nur für die Heilung der Chakren.[5]

Wurzelchakra

Das Wurzelchakra verbindet dich mit der Kraft und Energie der Erde. Es verbindet dich, wie der Name schon verrät, mit der Erde und sorgt dafür, dass du gesunde und starke Wurzeln in die Erde schlagen kannst.

Dieses Chakra leidet, wenn das menschliche Wesen übertrieben nach Besitztümern lechzt, nach Geld oder Macht. Dann wird das menschliche Wesen von der negativen Frequenz des künstlich erzeugten Finanzsystems und aller Felder, die damit verbunden sind, beherrscht. Auch übermäßiger Verzehr von Fleisch verhindert die lichtvolle Entwicklung dieses Chakras. (Aber nicht nur dieses einen Chakras, sondern im Grunde sämtlicher Chakren und des gesamten Energiesystems.)

Durch den Verzehr von Fleisch bindet sich der Mensch an die Frequenz des unnatürlichen Todes an, der von der göttlichen Liebe abtrennt.

Menschliche Wesen, die unter einem Mangel an Selbstvertrauen oder unter einem geringen Selbstbewusstsein leiden, essen häufig Fleisch und überessen sich, trinken Alkohol oder nehmen andere giftige Stoffe zu sich, weil es ihnen vorübergehend Linderung verschafft. Mit der Zeit wird dieses Chakra dadurch jedoch so stark belastet, dass der Mensch noch mehr den Kontakt zu sich selbst und zur Natur, die ihn heilen kann, verliert.

---

[5] eBook-Leser von Band 3 verwenden bitte den Suchbegriff »Der Raum spielt keine Rolle«, um dort zur entsprechenden Übung zu gelangen.

Für dieses Chakra ist es unabdingbar, oft in die Natur zu gehen und sich durch die lichtvollen Naturwesen reinigen zu lassen.

Geeignete Affirmation – bitte alle drei Sätze sprechen
»Ich lebe in der Fülle auf allen Ebenen meines Seins.
Ich bin geerdet. Die Kraft der Erde nährt mich.«

Geeignete Übungen
- Band 3, Seite 130: Ausrichtung deiner Matrix auf den Urzustand
  Suchbegriff für eBook-Leser: »Der Raum spielt keine Rolle«
- Band 3, Seite 163: Anbindung an die positive Geldenergie
  Suchbegriff für eBook-Leser: »Verbindet euch mit der Energiewolke«
- Band 5, Seite 197: Übung »Wenn du dich wieder in der Natur aufhältst«
  Suchbegriff für eBook-Leser: »In das Moos im Wald«

Sakralchakra

Bei deinen unzähligen Inkarnationen hast du hier auf der Erde als Mann oder als Frau gelebt. Das Sakralchakra hilft dir bei deiner Anbindung an die natürliche weibliche und männliche Energie und ihre Dualität. In diesem Chakra sind auch Informationen einkodiert, die mit Gewalthandlungen zu tun haben.

Überwiegend weibliche Elemente, die auf diesem Planeten nicht geheilt und transformiert worden sind, warten auf ihre Heilung und das Verständnis der Zusammenhänge. Es ist notwendig, dieses Chakra von Emotionen zu befreien, die etwas mit Gewalt, Übermacht oder Sklaverei zu tun haben.

Alle Frauen auf diesem Planeten sind über dieses Chakra mit ihrem kollektiven Bewusstsein untereinander verbunden. Alle

Frauen dieses Planeten. Und Frauen, die immer noch in Abhängigkeit, Sklaverei oder unter der Herrschaft von Männern leben, sind ebenfalls mit allen in einem weiblichen Körper lebenden menschlichen Wesen verbunden. Auch alle Männer dieses Planeten sind über dieses Chakra mit ihrem kollektiven männlichen Bewusstsein untereinander verbunden.

Außerdem sind Kinder bis zwölf Jahren über ihr kollektives Bewusstsein miteinander verbunden und beeinflussen sich gegenseitig. Nach dem zwölften oder dreizehnten Lebensjahr trennen sie sich frequenzmäßig von der Mutter ab und beginnen sich an das kollektive Bewusstsein der Frauen oder Männer anzubinden.

Dieses Chakra wird nach energetischer Reinigungsarbeit sehr feinstofflich und strahlend. Das menschliche Wesen hat danach die Möglichkeit, sich an die wunderschöne Sexualenergie des Kosmos anzubinden, die jedem Wesen zur Verfügung steht. Der Mensch erhält dadurch unglaubliche Lebensenergie und eine starke Verbindung mit dem Kosmos.

Die reine sexuelle Liebe zwischen Partnern schützt vor den dunklen Elementen dieses Planeten.

Geeignete Affirmation

»Meine männliche und weibliche Energie sind
in absoluter und natürlicher Harmonie. Ich bin rein.«

Geeignete Übungen

- Band 3, Seite 130: Ausrichtung deiner Matrix auf den Urzustand
  Suchbegriff für eBook-Leser: »Der Raum spielt keine Rolle«
- Band 4, Seite 58: Anbindung an die Wesen der Venus
  Suchbegriff für eBook-Leser: »Aufruf der Wesen«
- Band 5, Seite 150: Die natürliche weibliche Kraft
  Suchbegriff für eBook-Leser: »Deine weiblichen Elemente zu heilen«

Solarplexus

Dieses Chakra verbindet dich mit deinem Höheren Ich, das in der Dimension der Ewigkeit siedelt. Dein Höheres Ich ist ein Teil deiner Seele, der in der Dimension der Ewigkeit bleibt, während der andere Teil deiner Seele in verschiedene Realitäten und Welten inkarniert (nicht nur in irdische Welten). Dein Höheres Ich schützt und hütet Informationen, die du bei ihm gelassen hast. Es begleitet dich durch diese Inkarnation und erinnert dich an deinen Lebensplan oder deine Lebensaufgabe. Dein Höheres Ich steht in direktem Kontakt zu allen Lichtwesen, die für dich zuständig sind. Es hat Kontakt zu allen Sphären der Lichtwelt.

Menschen, die Probleme mit dem Magen oder der Verdauung haben oder irgendein anderes Problem, das mit diesem Chakra in Verbindung steht, haben teilweise den Kontakt zu ihrem Höheren Ich verloren. Sie haben das Gefühl, dass sie bislang nicht ihren Weg in diesem Leben gefunden haben oder suchen noch nach ihrer Lebensaufgabe. Manche von ihnen haben ihren Weg oder ihre Aufgabe gefunden, allerdings nur vorübergehend, und ständig kommen sie von diesem Weg ab und suchen ihn erneut. Oft haben sie das Gefühl, dass sie von sich selbst abgetrennt sind oder von ihren Lichtbegleitern.

Es ist wichtig, sich auf angemessene Weise zu ernähren, damit dieses Chakra entlastet wird und wie eine Sonne strahlen kann. Schließlich wird dieses Chakra schon so genannt – solar.

Durch die Anbindung an dein Höheres Ich verstärkt sich auch die Anbindung an dein Kristallnetz in deinem Körper, das dich mit dem Kristallnetz der Erde und deiner Galaxis verbindet.

Die Arbeit mit dem Solarplexus aktiviert deine selbstheilerischen Fähigkeiten. Du wirst dich wieder mit allem verbunden fühlen.

Geeignete Affirmation

»Ich bin absolut an mein Höheres Ich angebunden.
Mein Kristallnetz in meinem Körper ist aktiviert. Ich
bin absolut an das Kristallnetz der Erde und meiner
Galaxis angebunden.«

Geeignete Übungen

- Band 3, Seite 127: Anbindung an dein Höheres Ich
  Suchbegriff für eBook-Leser: »Wellen ohne Raum und Zeit«
- Band 3, Seite 130: Ausrichtung deiner Matrix auf
  den Urzustand
  Suchbegriff für eBook-Leser: »Der Raum spielt keine Rolle«

An den Solarplexus angelegte Kristalle können dir sehr helfen. Der
Solarplexus verteilt die Fähigkeiten der Kristalle dank deines Kristallnetzes in deinem gesamten System. Wenn dein Solarplexuschakra gut funktioniert, ist dieses Chakra das Zentrum der Kristallmatrix in deinem Körper.

Gleichzeitig helfen dir Kristalle, dieses Chakra zu durchleuchten.
Wenn du es durchstrahlen möchtest, wähle am besten klare, durchsichtige Kristalle.

Bei sich spirituell entwickelnden Menschen ist das Kristallnetz in
ihren Körpern bereits aktiviert. Wenn dein Solarplexuschakra vollkommen in Ordnung ist und du jederzeit mit deinem Höheren Ich
kommunizieren kannst, kannst du dir mit großer Wahrscheinlichkeit
sicher sein, dass die Bildung des Kristallnetzes in deinem Körper
bereits aktiviert oder sogar schon abgeschlossen ist. (Es handelt sich
um einen Prozess, der momentan im Körper der menschlichen
Wesen und im Inneren der Erde abläuft.)

Der Prozess der Bildung von Kristallnetzen – Matrizen – stellt
die Vorbereitung zur Kommunikation mit der Energie und den
Informationen der Kristalle und der Kristallfrequenzen des Universums dar.

Herzchakra

Dieses Chakra ist für den Empfang kosmischer Frequenzen zuständig, für den Empfang der Liebe der göttlichen Quelle und der Liebe aller Wesen oder unterschiedlicher Frequenzen der Liebe. Es hält dich buchstäblich am Leben und in deiner Lebenskraft. Denn: Liebe ist alles. Liebe ist Licht. Liebe ist das Höchste und Wertvollste, was ein Mensch in sich tragen kann.

Ein Mangel an Liebe und Selbstliebe verschließt dieses Chakra und trennt das menschliche Wesen von allem Liebevollen ab, das in diesem unendlichen Universum vorkommt. Liebe öffnet die Tore zur Vollkommenheit, Absolutheit und zur Verbindung mit allem Liebevollen.

Das reine Herz des Menschen eröffnet unendliche Möglichkeiten und verbindet es mit allen liebevollen Frequenzen.

Menschen, die ein geschwächtes Herzchakra haben, haben auch andere sehr geschwächte Chakren, da sie mit ihrer begrenzten Selbstliebe den Zugang zu anderen liebevollen und heilenden Frequenzen vor sich selbst verschlossen haben. Sie haben eine geringe Lebensvitalität und sind anfällig für Krankheiten, weil ihr stärkstes Organ – das Herz als Empfänger der göttlichen Energie – sie von allem Positiven, Liebevollen und Absoluten abtrennt. Durch eine schlechte Funktion des Herzchakras ist ihr Herzorgan geschwächt (im besten Fall nur energetisch) und gleichzeitig auch ihre Psyche. Der Geist dieser Menschen ist häufig traurig, da sie sich mit anderen nicht verbunden fühlen. Die kosmischen Frequenzen können nicht zu ihm strömen.

In vielen Fällen wird bei diesen Menschen außerdem eine schwache Funktion des Kronenchakras wahrgenommen, das den Menschen mit der Lebens- und Lichtenergie des Universums verbindet.

Aufenthalte in der Natur und in der Sonne helfen dem Herzchakra sehr. Die Arbeit mit Erzengel Chamuel verhilft zur Heilung auf Herzebene. Wichtig ist Vergebung, die oftmals bindet und die Öffnung des Herzens verhindert. Die Rückholung von See-

lenfragmenten hilft ebenfalls bei der Heilung des Herzbereichs.
Die Seele des Menschen wird dadurch wieder ganz.

(Vergebung hilft auch bei der Arbeit mit den anderen Chakren.)

Geeignete Affirmation

»Die bedingungslose Liebe der göttlichen Quelle
fließt zu meinem Herzen. Ich bin bedingungslose Liebe.
Ich bin absolut mit allem Liebevollen, was existiert,
verbunden. Ich bin die absolute göttliche Existenz.
Ich liebe mich.«

Geeignete Übungen

- Band 3, Seite 130: Ausrichtung deiner Matrix auf
  den Urzustand
  Suchbegriff für eBook-Leser: »Der Raum spielt keine Rolle«
- Band 3, Seite 171: Ritual der Vergebung
  Suchbegriff für eBook-Leser: »Reinigung der Aura«
- Band 4, Seite 47: Rückholung deiner Seelenfragmente
  Suchbegriff für eBook-Leser: »Deine Seele gibt dir Impulse«
- Band 5, Seite 188: Affirmation zur Vergebung
  Suchbegriff für eBook-Leser: »Ich öffne hiermit mein Herz«
- Band 6, Seite 66: Anbindung an die Zentralsonne
  der göttlichen Quelle
  Suchbegriff für eBook-Leser: »Licht an die Zentralsonne«

Halschakra

Das Halschakra ist das beste Beispiel für das verstärkte Einkodie-
ren schlechter Gedanken oder Situationen während eurer Existenz hier auf der Erde.

In keinem anderen Chakra sind schlechte Erinnerungen, die das
menschliche Wesen in sich trägt, so deutlich und sichtbar einko-

diert. Neunzig Prozent der menschlichen Wesen, die spirituell veranlagt sind, haben ein Problem mit diesem Chakra, überwiegend Menschen mit heilerischen Fähigkeiten. Die Mehrheit von ihnen ist nämlich für ihre heilerische Tätigkeit in vergangenen Inkarnationen bestraft worden, in den meisten Fällen mit dem Tod, etwa durch Erhängen, Köpfen, Folter oder Verbrennen.

Gleichzeitig trägt dieses Chakra die Frequenz der Angst in sich, die auf die menschliche Gesellschaft künstlich übertragen wurde und teilweise immer noch wird. Das Aussenden der Angstfrequenz auf das Halschakra wurde durch die dunklen Mächte sorgfältig durchdacht, denn über das Halschakra treten diese negativen Frequenzen in die ganze Wirbelsäule und ins zentrale Nervensystem der Wirbelsäule und des Gehirns ein. Zugleich werden durch die Frequenz der Angst die Lymphe und Drüsen geschwächt, und damit schwindet die Lebensenergie des Menschen. Der Mensch empfindet Hoffnungslosigkeit und verliert Kraft für die Zukunft.

Desweiteren sind in diesem Chakra alle Beziehungen einkodiert. Zwischenmenschliche Beziehungen und Beziehungen zu anderen Wesen. Auch zu Tierwesen. Die Kommunikation mit sich selbst. Die Kommunikation mit den Eltern und Kindern.

Und weil das menschliche Individuum von Gott auf Harmonie und Frieden programmiert ist, nimmt dieses Chakra auch alles Negative auf, das es vor allem mit Familienangehörigen und nahestehenden Personen, die es am meisten verletzen konnten, erlebt hat.

Kinder schlucken oft ihre Emotionen hinunter, um lieb zu sein. Häufig übertragen sie sogar die Familienatmosphäre auf sich und übernehmen (oftmals unterbewusst) familiäre Probleme in ihre Systeme. Sie sind wie »Filter« für die Familie, da ihr System noch rein, energetisch unangetastet ist und ihre Körper und Systeme alles Schlechte in sich aufsaugen.

Die Vergangenheit akkumuliert sich vor allem im Nacken, und Menschen, die sich nicht von der fernen oder jüngsten Vergangenheit trennen können, haben häufig Nackenschmerzen oder einen steifen

Hals. Menschen, die sich mit ihrer Seele und ihrem Geist an die negative Vergangenheit gebunden haben, leiden häufig an Krebserkrankungen, weil ihre Wut, ihr Ärger, ihre Angst, ihre Nichtvergebung oder andere Emotionen in ihrem Körper und in ihren Zellen förmlich aufquellen. Ihre Zellen sind an diese negativen Frequenzen und an die damit verbundenen Personen angebunden.

Das Wichtigste ist, sich von der Vergangenheit abzutrennen, zu vergeben und sich an die positive Zukunft anzubinden. Und sich vor elektronischem und Elektrosmog zu schützen, denn dieser lässt bereits belastete und kranke Zellen weiter degenerieren.

Durch die Abtrennung von der Vergangenheit erhöht sich die Schwingung eurer Zellen. Eine gesunde Zellspannung sollte ungefähr siebzig Millivolt betragen. Bei Zellen, die von Krebserkrankungen betroffen sind, liegt die Spannung lediglich bei etwa fünfzehn Millivolt.

Geeignete Affirmation

»Ich bin mit mir im Reinen.

Ich bin mit allen anderen im Reinen.«

Geeignete Übungen

- Band 2, Seite 168: Affirmation, um sich von der Frequenz der Angst zu trennen
  Suchbegriff für eBook-Leser: »Auf meinem Lebensweg«
- Band 3, Seite 130: Ausrichtung deiner Matrix auf den Urzustand
  Suchbegriff für eBook-Leser: »Der Raum spielt keine Rolle«
- Band 3, Seite 171: Ritual der Vergebung
  Suchbegriff für eBook-Leser: »Reinigung der Aura«
- Band 5, Seite 102: Affirmation für die Rückkehr der absoluten Gesundheit
  Suchbegriff für eBook-Leser: »Sie entfaltet ihre Wirkung am besten«

Ohrenchakren

Die Ohrenchakren sind für das Hellhören zuständig. Sie empfangen die Sprache der Lichtwesen sowie Geräusche, die wir als kosmische Lichtsprache bezeichnen. Diese Sprache besteht aus den unterschiedlichsten Lauten, Symbolen und Zahlenkombinationen.

In den Ohrenchakren sind Situationen einkodiert, in denen das menschliche Wesen nicht fähig war zu verzeihen oder in denen ihm nicht verziehen wurde. Die Frequenzen des Nichtvergebens erzeugen und binden in den Chakren und um die Ohrenchakren herum ganze Energiefelder, die mit weiteren Feldern anderer Menschen in Resonanz stehen, die wegen Nichtvergebung mit eben jener Person verbunden sind.

Bei Menschen, die Probleme mit den Ohrenchakren haben, können wir oft Verbitterung wahrnehmen. Sie sind beim Kontakt mit anderen Menschen häufig überlastet, da ihr Gehör nicht noch mehr Geräusche, Begegnungen oder Kommunikation erträgt. Sie fühlen sich durch die Umgebung überfordert und ziehen sich in sich zurück, weil sie glauben, dass sie die ersehnte Ruhe in sich finden. Diese finden sie aber nicht, solange sie nicht ihre Verbitterung und ihre Intoleranz loswerden und nicht aus ganzem Herzen und in reinster Absicht ein Vergebungsritual durchführen. Vergebung muss wahrhaftig in der absoluten Absicht zu vergeben oder in der absoluten Absicht, um Vergebung zu bitten, durchgeführt werden. Gleichzeitig ist es wichtig, sich selbst zu vergeben.

In Vergebungssituationen können Erzengel Michael, Metatron und Chamuel sehr gut helfen. Das Vergebungsritual wird am besten einundzwanzig Tage lang ohne Unterbrechung durchgeführt. Falls sich die Situation nicht verbessert, sollte das Ritual einfach wiederholt werden.

Es ist auch vorteilhaft, die Engel des Friedens hinzuzurufen. Durch das dreimalige Aussprechen des Wortes »Frieden« nähern sich dir diese wunderschönen Wesen und beginnen sofort mit dir zu arbeiten. Es ist wichtig, aus der Opferrolle herauszutreten und sich bewusst zu machen, dass jeder Mensch sein eigener Schöpfer ist, und gleichzeitig ist es notwendig zu erwägen, dass sich der Mensch viele Situationen im Leben selbst programmiert hat, weil sie für seine Entwicklung notwendig waren.

Wenn sich das menschliche Individuum das bewusst macht, kann es seinen Hass loslassen, der es innerlich möglicherweise buchstäblich »zerfrisst«.

Geeignete Affirmation

»Ich vergebe allen von ganzem Herzen.
Ich vergebe mir selbst von ganzem Herzen.
Vergebt bitte ihr alle, die ich je verletzt habe, mir.
Meine Vergebung befreit uns alle.
Ich liebe euch. Ich liebe mich.
Ich aktiviere meine Hellhörigkeit.«

Geeignete Übungen

- Band 1, Seite 123: Die Lichtsprache
  Suchbegriff für eBook-Leser: »Zur Schulung der Lichtsprache«
- Band 3, Seite 130: Ausrichtung deiner Matrix auf den Urzustand
  Suchbegriff für eBook-Leser: »Der Raum spielt keine Rolle«
- Band 3, Seite 171: Ritual der Vergebung
  Suchbegriff für eBook-Leser: »Reinigung der Aura«
- Band 5, Seite 102: Affirmation für die Rückkehr der absoluten Gesundheit
  Suchbegriff für eBook-Leser: »Sie entfaltet ihre Wirkung am besten«

Das Dritte Auge

Das Chakra des Dritten Auges ist magisch und mit der Zirbeldrüse verbunden, die eine »Antenne« für die Signale und Informationen der Wesen oder Frequenzen der Lichtwelt ist. Das Dritte Auge wird auch das Auge Gottes genannt. Das göttliche Auge, das der Mensch in seinem Kopf trägt, lässt den Menschen die Welt um sich herum mit dem Auge Gottes wahrnehmen, wobei er sich mit der Intelligenz Gottes verbindet. Es geht um die Wahrnehmung des Menschen durch die Wahrnehmung der göttlichen Intelligenz.

Die Magie, die im Dritten Auge liegt, ist mit der Mythologie der menschlichen Geschichte verbunden. Die Mythologie erzählt Geschichten, in denen lichtvolle »Krieger« es für Frieden und Licht geschafft haben, mit dem Licht ihres Dritten Auges die dunklen Wesen, von denen sie bedroht wurden, zu besiegen. Durch das Dritte Auge ist der Mensch nämlich genial und grundlegend mit den Informationen und der Intelligenz Gottes verbunden. Je aktiver und stärker dieses Chakra ist, desto mehr erweitern sich der Horizont und die Umgebung der Lichtwelt, an die der Mensch angebunden ist. Es ist wie ein Lichtkegel, der sich in die Unendlichkeit der Zeiten und Räume der Lichtwelt ausdehnt. Je aktiver dieses Chakra ist, desto mehr wird die Funktion der Zirbeldrüse gestärkt.

Mit der richtigen Funktion des Dritten Auges kommt es zu einer verstärkten Aktivierung des Gehirns. Menschen, die sich bewusstseinsmäßig und spirituell entwickelt haben, benutzen den größten Teil des Gehirns und zeigen erhöhte Gehirnkapazitäten. Dadurch entstehen auch neue Gehirnsynapsen, welche die Impulse der Lichtwelt empfangen. Sie leiten die Impulse in den Wirbelsäulenkanal weiter, von wo aus sie in das ganze Energiesystem des Menschen übertragen werden.

Das Chakra des Dritten Auges lässt den Menschen in die Innenwelt anderer Menschen oder Wesen blicken und eintreten. Es hat eine direkte Verbindung zur Akasha-Chronik. Das Dritte Auge empfängt visuelle

Informationen, welche die Lichtwesen zum Beispiel für die Heilung oder das Finden des eigenen Weges übergeben.

Ein Mensch, der sich »zwischen den Welten« bewegen kann, sollte sich an den Grundsatz halten, nur in reinster Absicht zu handeln. Er sollte auch die Welten, in die er mit Hilfe des Dritten Auges Einblick erhalten hat, wieder verlassen und die gedachten Türen oder Tore hinter sich schließen. Das ist wichtig, damit er sich von den fremden Welten abtrennt und nicht in ihnen gefangen bleibt.

Ein reines Herz und reine Gedanken eröffnen Wege zur verstärkten Funktion des Dritten Auges.

Das Dritte Auge hilft auch bei Vergebung und der Entledigung unnatürlicher Angst. Viele spirituelle Menschen haben unterbewusst aufgrund von Bestrafungen in früheren Leben ihre Fähigkeiten stillgelegt und sich in diesem Leben für das Verschließen der Fähigkeiten des Dritten Auges entschieden. Sie sollten das Versprechen, das sie gegen sich ausgesprochen haben, aufheben und ein Ritual durchführen, um es zurücknehmen.

Dafür könnten sie zum Beispiel folgenden Wortlaut wählen:

》Ich neutralisiere hiermit alle Versprechen und Schwüre, die ich jemals ausgesprochen habe, um mich in meiner Hellsichtigkeit zu behindern, im göttlichen Licht. In allen Zeiten, in allen Räumen, in allen Dimensionen, in allen Zwischendimensionen und in allen Parallelwelten meiner gesamten Existenz. Ich neutralisiere sie jetzt und in diesem Raum.

Ich trenne mich hiermit von allem Negativen ab, das meine Hellsichtigkeit verhindert.

Ich segne alle Personen und alle Wesen, die mich verletzt haben. Ich vergebe ihnen.

Ich segne mich selbst, ich vergebe mir selbst.

Meine Absicht ist rein und klar.

Ich aktiviere hiermit die Funktion meines Dritten Auges und die Funktion meiner Zirbeldrüse. Ich binde mich über

mein Drittes Auge an die Intelligenz Gottes und an die Lichtwelt an. Danke. Danke. Danke. **«**

Geeignete Affirmation

»Ich aktiviere meine Hellsichtigkeit.
Meine Zirbeldrüse ist aktiviert. Ich bin absolut
mit der höheren göttlichen Intelligenz verbunden.«

Geeignete Übungen

- Band 3, Seite 130: Ausrichtung deiner Matrix auf
  den Urzustand
  Suchbegriff für eBook-Leser: »Der Raum spielt keine Rolle«
- Band 3, Seite 171: Ritual der Vergebung
  Suchbegriff für eBook-Leser: »Reinigung der Aura«
- Band 6, Seite 66: Anbindung an die Zentralsonne
  der göttlichen Quelle
  Suchbegriff für eBook-Leser: »Licht an die Zentralsonne«

Anmerkung der Autorin

Die Zirbeldrüse ist sehr oft durch
falsche Ernährung, Chemikalien und Konser-
vierungsstoffe im Essen oder in der Kosmetik
belastet. Auch elektronischer und Elektrosmog vermindert ihre Funktion. Sie verkleinert sich sogar in ihrer
Größe. Verunreinigte Luft und die darin enthaltenen Schadstoffe sowie Schwermetalle lassen die Zirbeldrüse ebenfalls
verkümmern.

Aus eigener Erfahrung kann ich bestätigen, dass beispielsweise
Zeolith – Vulkanerde – bei der Reinigung des Körpers und der

Zirbeldrüse hilft. Wichtig ist, keine Zahnpasta mit Fluorid zu benutzen. Auch das Spülen des Mundraums mit Kokosöl oder Olivenöl ist förderlich (Ölziehen).

Die Zahlenreihe **88445719** (Band 2) hilft, die Wirkung von allem, was uns schadet, zu minimieren, beispielsweise die Nebenwirkungen von Medikamenten, Narkosemitteln oder verunreinigter Umwelt. Sie hilft, die Qualität von Trinkwasser zu verbessern, und neutralisiert teilweise selbst Schadstoffe im Wasser. Sie senkt die Wirkung von elektrischer und elektronischer Strahlung.

Notiert euch diese Zahlenreihe für eure elektronischen Geräte, PCs oder das Handy. Ihr könnt sie auf Papier schreiben und unter eine Pyramide legen, damit sie in alle Teile eures Wohnraums übertragen wird. Programmiert mit dieser Zahlenreihe euer Wasser.

Kronenchakra

Das Kronenchakra empfängt die universelle Energie des Kosmos. Die Energie des Kosmos ist eine lichtvolle Lebensenergie, die euer ganzes System nährt. Wenn der Mensch ein Problem mit diesem Chakra hat, hat er sicherlich wenig Lebenskraft oder ist häufig krank.

Das Kronenchakra hat eine große Aufgabe. Es bringt Lebensenergie in den Körper des Menschen, und wenn ein anderes Chakra in seiner Funktion geschwächt ist, versucht das Kronenchakra durch seine verstärkte Arbeit die Disharmonie und das Licht der anderen Chakren auszugleichen. Gleichzeitig ist es direkt mit den Lichtchakren über dem Kopf des Menschen verbunden, die das göttliche Bewusstsein in die anderen Chakren leiten, vor allem in die Kopfchakren und die Zirbeldrüse.

Dieses Chakra verbindet den Menschen, genau wie das Dritte Auge und die Ohrenchakren, mit den morphogenetischen Feldern anderer Wesen, und diese wiederum verbinden ihn mit Feldern der verschiedensten Bereiche.

Es ist sehr wichtig, dass dieses Chakra einwandfrei funktioniert, weil es durch den Empfang des kosmischen Lichts alle anderen Chakren des gesamten Körpers durchleuchtet und nährt, auch den Wirbelsäulenkanal, der am oberen Ende Empfänger der Lichtenergie und am unteren Ende Empfänger der Erdenergie ist.

Arbeitet ein Mensch nicht bewusst regelmäßig mit der lichtvollen kosmischen Energie und bindet er sich nicht an sie an, hat er mit großer Wahrscheinlichkeit ein schwaches Kronenchakra, was darauf zurückzuführen ist, dass die momentane Situation auf der Erde sowie verunreinigte Luft durch Elektrosmog und andere Schadstoffe dessen Funktion beeinträchtigt. Es ist daher unerlässlich, in die Natur zu gehen.

Das Kronenchakra empfängt Impulse des göttlichen Bewusstseins, so dass ein Mensch, der spirituell entwickelt ist, auch ein sehr entwickeltes und ausgedehntes Kronenchakra hat. Bei Menschen, die mit der universellen Lichtenergie arbeiten und sich an sie anbinden, sieht das Kronenchakra wie ein großer Trichter aus, der die Energie geradezu in sich aufsaugt. Zeitgleich treten durch diesen Trichter auch Negativitäten aus, welche die menschliche Seele angesammelt hat. Nach dem Austritt aus dem System des Menschen werden sie in Lichtenergie transformiert.

Da dieses Chakra den Menschen mit den unterschiedlichsten morphogenetischen Feldern verbindet, ist es wichtig zu verstehen, dass der Mensch zu dem wird, womit er sich beschäftigt. Ein Mensch, der sich zum Beispiel damit beschäftigt, Horrorfilme im Fernsehen anzuschauen, findet sich in seiner Realität wirklich in verschiedenen Horrorszenarien wieder. Er hat sich mit seinem Geist und seinem Kronenchakra an verschiedene Felder von Horrorsituationen und ähnlichen Frequenzen angebunden.

Das Kronenchakra ist außerdem der häufigste und beliebteste »Zugang« zum System des Menschen für Fremdenergien und fremde Seelen. Wenn du dich zum Beispiel auf dem Friedhof, in der Kirche oder an einem Ort befindest, an dem du das Gefühl hast, dass es dort negative Energie gibt, hülle dich in Licht oder verschließe für die Zeit deines Aufenthalts an diesem Ort visuell den Zugang zu deinem Kronenchakra, so als würdest du eine Schicht oder eine Art Deckel darüber erzeugen, der augenblicklich den Zugang von Fremdenergien in dein System verhindert. Nach dem Verlassen dieses Ortes entfernst du diesen »Deckel« wieder und lässt die Lichtenergie erneut fließen. Stelle dich am besten noch unter die »Lichtdusche«.

Das Kronenchakra verbindet dich mit der göttlichen Energie und all ihren Frequenzen. Je mehr du dich mit dem Licht verbindest, umso stärker wird deine Verbindung zu Gott und damit zu dir selbst. Jedes in den Körper geleitete Lichtteilchen weckt die göttliche Kraft in dir und erinnert dich an deine Göttlichkeit.

Jede Anbindung an die Lichtenergie dank dieses Chakras erhöht deine Lichtschwingung. Deine Zellen merken sich jede Begegnung mit dem Licht und speichern sie in deinem Gedächtnis.

Geeignete Affirmation
»Ich bin im Fluss meines Lebens.
Ich bin absolut und unendlich mit der universellen kosmischen Energie verbunden.«
(Du kannst dir über deinem Kronenchakra das Zeichen der Unendlichkeit vorstellen, damit die Lichtenergie ununterbrochen zu dir strömt.)

Geeignete Übungen
- Visualisierung des Buchstaben Y in deinem Körper.
- Visualisierung einer Lichtdusche oder Lichtsäule.
- Band 3, Seite 130: Ausrichtung deiner Matrix auf den Urzustand

Suchbegriff für eBook-Leser: »Der Raum spielt keine Rolle«
- Band 5, Seite 102: Affirmation für die Rückkehr der
  absoluten Gesundheit
  *Suchbegriff für eBook-Leser: »Sie entfaltet ihre Wirkung
  am besten«*

Die Lichtchakren

Die Lichtchakren befinden sich über deinem Körper. Sie verbinden dich mit Parallelwelten, Dimensionen, Räumen und Zeiten unterschiedlicher Realitäten. Das System von Lichtchakren besteht aus fünf lichtvollen Hauptchakren. Grundsätzlich befinden sich noch weitere über dem Körper des Menschen. Man kann sie wahrnehmen, aber es kommt auf die spirituelle Entwicklung des Menschen und die Aktivierung dieser Chakren an.

Sie sind direkte Durchgänge zur göttlichen Quelle.

Die Lichtchakren funktionieren und werden am besten aktiviert durch ein erweitertes Bewusstsein. Sie sind feinstofflicher als die Chakren im Körper des Menschen.

Die Lichtchakren sind über das Kronenchakra mit allen anderen Chakren verbunden. Zu den Lichtchakren gelangen direkt und ungefiltert Informationen und das Bewusstsein der göttlichen Quelle. Es hängt von der Entwicklung des menschlichen Wesens ab, ob es diese Informationen direkt in sein System lässt und ihnen Raum gibt.

Wenn das Herz des menschlichen Individuums schon rein und ohne ungesunden Egoismus ist, empfängt das Herzchakra die durch die Lichtchakren ankommenden Informationen der göttlichen Quelle in seinen Räumen. Es nimmt Informationen über seine Herkunft auf, und es nimmt seine Urfrequenzen auf.

Das bedeutet ... *Dein reines Herz* ist der Schlüssel zu deiner absoluten Verbindung und zur Anbindung an die göttliche Quelle und deine göttliche Essenz. *Ein reines Herz* ist der Schlüssel zur

Erleuchtung, denn zwischen deinem Herzen und der göttlichen Quelle existieren keine Grenzen. Die Lichtchakren verbinden dich zusätzlich, wie bereits erwähnt wurde, mit eurer Galaxis und mit den ihr zugehörigen Planeten und Frequenzen. Und sie verbinden dich überhaupt mit allem Ursprünglichen … mit den Urfrequenzen, den Urinformationen, der Urenergie und so weiter.

Das Chakrensystem des Menschen ist ein geniales System zur Anbindung und Verbindung mit allem. (Die Meridiane deines Körpers lassen die Energie durch deinen Körper fließen und verbinden dich mit der Matrix eures Planeten und eurer Galaxis. Sie fließen zu den Organen und verbinden sie untereinander. Gleichzeitig werden die Organe mit den unterschiedlichsten Urfrequenzen der Planeten eures Sonnensystems verbunden.)

Du passt hinein in dieses Gesamtgeschehen. Und das ganze Geschehen der Welt braucht dich für seine vollkommene Existenz!

Geeignete Affirmation

»Ich bin kraft meines reinen Herzens absolut
mit meinen Lichtchakren verbunden. Die
Lichtchakren verbinden mich mit meiner absoluten
göttlichen Essenz und göttlichen Vollkommenheit.
Ich bin ein unentbehrlicher Teil des Universums.
Ich trage das ganze Universum in meinem Herzen.«

Geeignete Übungen

- Band 1, Seite 80: Übung zur Ablegung des Egos
  Suchbegriff für eBook-Leser: »Reinigung des Körpers«
- Band 2, Seite 35: Verschließen destruktiver Öffungen
  zu deinem Energiesystem
  Suchbegriff für eBook-Leser: »Dein Herz sendet dir Liebe«
- Band 3, Seite 130: Ausrichtung deiner Matrix auf
  den Urzustand
  Suchbegriff für eBook-Leser: »Der Raum spielt keine Rolle«

- Band 6, Seite 66: Anbindung deines Herzens an die Zentralsonne der göttlichen Quelle
  Suchbegriff für eBook-Leser: *»Die Seele deiner Sonne meldet sich«*

Die Lichtchakren unter eurem Körper

Auch die Lichtchakren, die sich unter den Füßen des Menschen befinden, bilden ein Siebenersystem von Hauptchakren. Sie verbinden den Menschen mit dem Erdkern und den in der Erde befindlichen spirituellen Welten. Alles, was sich in der Erde abspielt, verbindet dich spirituell gesehen durch sie damit.

Diese Chakren verbinden dich mit Energiebahnen, die durch den ganzen Planeten verlaufen. Sie verbinden dich mit den heiligen und energetisch bedeutenden Orten dieses Planeten. Sie nehmen das spirituelle Bewusstsein der Erde in sich auf und kommunizieren mit der Erdenseele Gaia. Die meisten Impulse, die von Gaia zu dir kommen, werden durch diese Chakren empfangen und an deinen Geist weitergeleitet, damit du ihre Impulse gut verstehen kannst.

Diese Chakren verbinden dich mit der inneren Sonne der Erde, die genau so intensiv ist wie die Sonne an eurem Himmel. Sie ist genau so lichtvoll und befindet sich im Kern eures Planeten. Dadurch erhält der Planet von innen her Lichtenergie und hält die Kommunikation mit den anderen Sonnen der Umwelt aufrecht. Die göttliche Intelligenz hat sämtliche Planetensysteme sorgfältig durchdacht. Bis ins letzte Detail.

Euer Planet Erde strahlt ein unglaublich breites Spektrum unterschiedlicher Farbfrequenzen aus, die der Mensch empfängt. Der Mensch braucht die Farbfrequenzen für die Stabilität seiner Materie und für die Stabilität seines Geistes. Die aus dem Menschen austretende geistige Kraft verbindet sich mit dem Bewusstsein des Planeten Erde und steht in ständigem Kontakt mit ihm.

Der Mensch nimmt den planetarischen Aufstieg vor allem dank dieser Chakren wahr, weil die Seele Gaia fortwährend Impulse zum Menschen aussendet und ihn so durch diesen Prozess begleitet.

Die Energie der heiligen Orte dieses Planeten erhöht sich ununterbrochen, da eine verstärkte Menge kosmischen Lichts zum Planeten strömt. Dadurch erhöht sich auch die gesamte heilige Energie der Erde, und der Mensch hat die Möglichkeit, sich dank dieser Chakren an diese erhöhte Energie anzubinden und aus ihnen Informationen und erhöhte Energie zu schöpfen.

Der wachsende Zustrom der kosmischen Christusliebe, der Christusenergie und des Christuslichts verbindet den Planeten Erde verstärkt mit den menschlichen Wesen und verbindet die menschlichen Körper mit dem Universum.

Dank dieser Chakren ist der Mensch an das Wissen des Planeten angebunden. Er ist an die Lichtwesen angebunden, die sich im Inneren der Erde befinden.

Diese Chakren verbinden den Menschen mit seiner ursprünglichen lichtvollen Matrix, die er auf den Planeten Erde mitgebracht hat … mit der ursprünglichen und makellosen Matrix, die ihn mit der Matrix der Erde verbindet.

Wenn du dich in der Natur aufhältst, beginnen diese Chakren wunderschön lichtvoll zu strahlen. Sie beginnen sich in die Weite und in alle Richtungen auszudehnen, damit die Energie und das Licht der Erde verstärkt in sie einfließen und die Meridiane in deinem Körper sich augenblicklich mit ihrem Licht verbinden können. Dadurch verbinden sich deine Meridiane auch mit den Meridianen der Erde, und bei guter Laune oder wenn du dich in einem meditativen Zustand befindest, sind diese Chakren in der Lage, dich dank der Meridiane mit den heiligen Orten dieser Erdkugel zu verbinden.

Sehr oft hast du in der Natur das Gefühl, dass du geführt wirst oder dass Impulse und Informationen zu dir kommen, die dein Leben oder deine spirituelle Entwicklung betreffen. Das geschieht dank der Verbindung deiner Chakren mit allem Lichtvollen, das sich in der Erde befindet. So sind sie entstanden.

Geeignete Affirmation

»Ich bin absolut an das Bewusstsein und Wissen der Erdenseele Gaia angebunden. Ich bin absolut mit allen lichtvollen und positiven Frequenzen und Wesen auf dem Planeten Erde verbunden. Die heilige Energie der Erde strömt mit jedem Augenblick zu mir.«

Geeignete Übungen

- Band 3, Seite 130: Ausrichtung deiner Matrix auf den Urzustand
  Suchbegriff für eBook-Leser: »Der Raum spielt keine Rolle«
- Band 5, Seite 114: Durchsage von Gaia
  Suchbegriff für eBook-Leser: »Frequenzen in eure Herzen«
- Band 5, Seite 197: Übung »Wenn du dich wieder in der Natur aufhältst«
  Suchbegriff für eBook-Leser: »In das Moos im Wald«

Frieden mit euch,
Frieden mit uns.

10

Lemurien, die Parallelwelten der Erde und eine weitere Zahlenreihe

Unendliche Möglichkeiten, die das Universum für euch bereit hält, warten bereits auf euch. Unendliche Möglichkeiten unendlicher Varianten eröffnen sich gerade.

Sicher habt ihr längst erkannt, dass das Wissen, welches das Universum betrifft, unendlich ist. Ebenso unendlich sind die Möglichkeiten, die auf euch warten und die schon bald an eurem Horizont auftauchen könnten. Der Mensch ist ein sehr neugieriges Wesen, und gerade seine Neugier eröffnet ihm neue Möglichkeiten. Den Menschen interessieren seine Geschichte und die unerforschten Möglichkeiten der Vergangenheit.

Deshalb möchten wir euch jetzt von Lemurien erzählen, von Parallelwelten und den Möglichkeiten, die euch erwarten …

Unsere plejadische Zivilisation besuchte den Planeten Erde schon vor langer Zeit, noch vor der Ankunft der menschlichen Zivilisation. Wir hatten hier mehrere Stationen, von denen aus wir die Oberfläche und die Natur des Planeten erforschen und beobachten konnten. Die Erde war ein unberührter, wunderschöner blauer Planet. Es gab hier vielfältige Vegetation, weil das Klima sehr mild war und Pflanzen und Tiere hier gut leben konnten.

Den Planeten Erde haben auch viele andere außerirdische Zivilisationen besucht, die aus Gründen der Forschung und zur Entspannung hierher kamen.

Die Zeit Lemuriens bildete für den Planeten einen bedeutenden Einschnitt, weil auf dem Planeten Erde damals »echtes«, reales Leben begann.

Der Planet Erde befindet sich nicht nur hier, wo ihr ihn kennt, sondern außerdem noch in anderen zeitlichen und räumlichen Dimensionen. Er erzeugt eine ganze Kolonie von zeitlichen und räumlichen Bändern, und nicht nur das: Es haben sich auch menschliche Zivilisationen auf ihm angesiedelt, die bis heute hier siedeln.

Der Planet Erde kommt in einigen Dimensionen vor, in denen sich unterschiedliche zeitliche und räumliche Gegebenheiten abspielen. Man könnte es mit einem Kaleidoskop vergleichen. Wenn du es drehst, siehst du verschiedene Bilder. Je nachdem, wie die bunten Glasstückchen fallen, erlebst du eine bestimmte Realität. Genau so funktioniert es auch mit der Erde. Und je nach den historischen zeitlichen Geschehnissen sind auf diese Weise bestimmte Realitäten entstanden, nach denen die Erde lebt.

Wir wissen, dass diese Vorstellung für viele irritierend sein wird, aber in den Möglichkeiten der Möglichkeiten ist alles möglich. Euer realer Planet passt sich der Entwicklung der parallelen Erden an, in denen sich bestimmte Situationen auf andere Weise ausgedrückt haben als hier auf der Erde, auf der du gerade bist. Je nachdem, welche Entwicklung du auf dieser

Erde genommen hast, beeinflusst du dadurch gleichzeitig deine Entwicklung auf anderen parallelen Erden.

Die realen Welten und Situationen, die du hier erlebst, beeinflussen die gesamte Entwicklung der Erde und die Entwicklung der Menschheit. Die zeitlichen und räumlichen Parameter der parallelen Planeten Erde sind nur einen winzigen Bruchteil eurer Zeit von der Realität eures realen Lebens entfernt, leicht verschoben.

Man könnte sagen, dass du dich je nach der Entwicklung einer bestimmten Situation in diesen bestimmten Dimensionen bewegst und zwischen den Dimensionen »hin und her springst«. Letzten Endes ist das Ziel *die gesamte Reinigung* aller parallelen Welten des Planeten Erde.

Diese Welten entstehen vor allem für die Reinigung einer bestimmten Situation. Viele Male haben wir euch schon durchgegeben, dass in der göttlichen Welt keine Grenzen existieren. Und jeder Mensch hat im menschlichen Himmel die Möglichkeit der Wiedergutmachung für sein Verhalten.

Oft wünscht sich die menschliche Seele, eine bestimmte Situation, die vielleicht ihr gesamtes Leben negativ beeinflusst hat, erneut zu erleben. Sie möchte zurückkehren und ihr Leben nochmals führen. In dieser Situation wird dem Wunsch der menschlichen Seele nachgekommen. Sie erhält die Möglichkeit, die Zeitlinie zu »durchbrechen« und in ihre eigene Vergangenheit zurückzukehren. Dort wird durch die göttliche Intelligenz eine neue Situation für sie vorbereitet, die der Mensch abermals durchleben und dadurch eine Verbesserung schaffen kann. Auf diese Weise entstehen Parallelwelten, die direkt die Entwicklung des menschlichen Individuums auf *seinem* Planeten beeinflussen. Sie beeinflussen *seine* Entwicklung und *seine* Zukunft.

Zum Beispiel gebären auch eure Vorstellungen von der Zukunft neue Parallelwelten eurer Realität. *Sie entstehen durch eure Vorstel-*

lungen. Alles beeinflusst sich gegenseitig, und alles kann sich positiv entwickeln, sofern der Mensch das möchte.

Wenn ihr auf diesem realen Planeten im Positiven und mit der Absicht einer positiven Zukunft lebt, befreit ihr euch. Ja, ihr befreit euch. Ihr tretet aus den Realitäten der Parallelwelten der parallelen Erden aus und werdet ganz.

Mehrmals haben wir euch schon dazu aufgerufen, die Vergangenheit loszulassen, denn sie wurde künstlich erzeugt. Wir haben euch dazu aufgerufen, euch auf die positive Gegenwart und Zukunft zu konzentrieren. Kraft eures Geistes und eurer Entschiedenheit habt ihr die Möglichkeit, aus diesen unrealen, künstlich erzeugten Welten auszusteigen und eure positive Realität zu erschaffen. Euer jetziges Handeln auf diesem Planeten ist entscheidend, denn mit der Erhöhung des kosmischen Lichts und der Entwicklung der Menschheit müsst ihr keine neuen »Besserungsparallelwelten« mehr schaffen, die euch möglicherweise bisher in sich gefangen gehalten haben. Mit eurem jetzigen Verhalten steigt ihr aus allen Situationen der Parallelwelten des Planeten Erde aus und befreit euch. *Eure Realität wird ganz.* Eure Bewusstwerdung dieser Information und Vergebungsrituale befreien euch von Personen und Situationen paralleler Welten. Mit jeder Vergebung und mit jedem wiedergutmachenden Verhalten in dieser Inkarnation erschafft ihr euch eine neue, makellose Realität.

Durch euer positives Verhalten und Denken entstehen neue fehlerfreie Realitäten eurer fehlerfreien Zukunft, an die sich der reale Planet Erde anbinden kann.

Und mit ihm die gesamte menschliche Zivilisation. Es ist im Sinne eines jeden Wesens, in Harmonie und Glück zu leben. Und genau da strebt die gesamte Entwicklung hin.

In der Zeit von Lemurien, als verschiedenste menschliche Zivilisationen auf den Planeten Erde kamen, waren noch keine Parallelwelten des Planeten Erde geschaffen, weil das Leben hier in Harmonie und Glück ablief. Die parallelen Realitäten der Erde begannen sich erst nach dem Eingreifen der dunklen Mächte und der dunklen Wesen zu bilden. Die Menschen brachten nur ihre reinen Gedankenfelder mit auf die Erde.

Dies war eine Epoche, die lange vor dem Zeitalter von Atlantis einsetzte und ungefähr 100.000 Jahre andauerte. Der Kontinent Lemurien war sehr ausgedehnt und verband das jetzige Afrika mit Asien und dem Westen von Amerika. Die heutigen Kontinente des Planeten Erde waren damals größtenteils noch miteinander verbunden, zwischen ihnen gab es nur geringe Abstände. Auf dem Planeten gab es mehr Felsgrund als heute. Ein großer Teil des Bodens versank durch unterschiedlichste Veränderungen auf dem Planeten, durch interplanetarische Veränderungen und Katastrophen.

Im Zeitalter von Lemurien gelangten menschliche Zivilisationen auf die Erde, die hier einen Zufluchtsort vor Zivilisationen suchten, die den menschlichen Wesen auf ihren Herkunftsplaneten Schaden zufügen wollten.

Die Menschen brachten ihren Glauben, ihr Wissen, ihre Pflanzen und Tiere mit auf diese Erde, die bis heute hier leben. Sie verbrachten ihre Zeit in absoluter Harmonie und Glück. Das menschliche Wesen war der Telepathie, Teleportation und Manifestation fähig, es war selbstheilerischer Fähigkeiten und der Regeneration fähig. Diese Zivilisation stand in vollkommenem Einklang mit dem Kristallreich.

Die ursprünglichen lemurischen Bewohner kodierten ihr Wissen in die Erde der Kontinente. Reste des damaligen Lemurien gibt es bis heute auf dem Planeten. Seine Bewohner haben allgemeines Wissen auf der Wissensebene einkodiert, das die bereits erwähnte Telepathie, Teleportation und Regeneration betrifft. (Kleine Überreste des ursprünglichen Lemurien befinden sich unter anderem auf den Inseln Hawaiis, auf denen der Zugang zu diesen Informationen und zur Chronik von Lemurien bis heute sehr stark ist.)

Vor dem Untergang von Lemurien haben die weisen menschlichen Wesen einen lichtvollen Parallelkontinent erschaffen, der als genaue Kopie über dem ursprünglichen Lemurien existiert. In ihm existieren lichtvolle Städte und lichtvolle Frequenzen, in denen die lichtvollen menschlichen Wesen dieses Kontinents lichtvoll feinstofflich leben und Licht, Liebe und Weisheit auf die heutige menschliche Zivilisation übertragen, damit die Menschen diese aktuell anstrengende Zeit in Liebe und in lichtvoller Kraft überstehen. In diesem lichtvollen Kontinent befinden sich gänzlich identische Informationen wie die, welche die ursprünglichen Bewohner Lemuriens in den ursprünglich existierenden Kontinent einkodiert haben.

Die lemurischen lichtvollen Bewohner haben der menschlichen Gemeinschaft die Erlaubnis zum Zugang zu diesen Informationen gegeben. Sie haben ihre Erlaubnis erst in dieser Zeit gegeben, als sie sicher sein konnten, dass das menschliche Individuum diesen Zugang zu den Informationen nicht missbraucht und sich mit seinem reinen Herzen an sie anbinden kann.

Das steht im Gegensatz zum Wissen von Atlantis, in dem es um genaue und detaillierte Informationen technischer Art und um Informationen über einkodierte Zugänge zu den umgebenden Planeten geht. Über dem ursprünglichen Kontinent von Atlantis ist immer noch ein energetischer Deckel durch die göttliche Intelligenz platziert, der diese Informationen schützt. An das Wissen von Atlantis wird sich die menschliche Zivilisation erst im Goldenen Zeitalter durch ihr reines Herz wieder anbinden können. Auch der Fortgang der dunklen Zivilisationen vom Planeten Erde spielt bezüglich des Zugangs zu diesem Wissen eine große Rolle. Mehr dazu findest du im vorherigen Buch.

Du erhältst nun die Möglichkeit, dich dank der Zahlenreihe **8787** an das Wissen der lemurischen Bewohner anzubinden. Dadurch gelangst du an Informationen über die echten Heilfrequenzen der ursprünglichen menschlichen Zivilisation, die reinen

Herzens war und einen widerstandsfähigen Körper hatte. Diese Zahlenreihe verbindet dich direkt mit den Heilfrequenzen Lemuriens. So kannst du Informationen und Unterstützung für die Manifestation und Realisierung deiner Wünsche erhalten.

Du kannst dich an die reine Liebe dieser Zivilisation anbinden, und du wirst sie sofort spüren und aus ihr heraus schöpfen können. Die Lichtfrequenzen der Zahlenreihe durchleuchten dein System und deinen Geist. Wenn du möchtest, kannst du mit ihrer Hilfe kraft deines Geistes zu den ursprünglichen und reinen Welten Lemuriens »reisen«. Das wird dir dabei helfen, deine Aufgabe auf dieser Erde zu erkennen.

Gleichzeitig verbindet dich diese Zahlenreihe mit den Chroniken der reinen menschlichen Zivilisation und mit den reinsten Frequenzen der Erde. Diese Zahlenreihe sorgt dafür, dass du in deiner Zeit verankert bleibst und dich in den reinsten menschlichen Frequenzen entwickelst, wie die göttliche Intelligenz dich geschaffen hat.

Was aber das Wichtigste ist: Durch die Zahlenreihe **8787** verbindest du dich mit der reinsten Frequenz der menschlichen Rasse. Diese Kombination verbindet dich mit der Reinheit des menschlichen Herzens und mit der Reinheit der menschlichen Seele. Sie erinnert dich an die Essenz deines menschlichen Lebens und Seins.

Im Grunde genommen erzeugst du bei der Verwendung dieser Zahlenreihe eine neue makellose Realität deines menschlichen Wesens. Du verbindest dich mit deinen ursprünglichen, makellosen Frequenzen. Dadurch befreist du dich von Realitäten, die nicht zu dir gehören und bei der Manipulation der menschlichen Geschichte künstlich erzeugt worden sind.

In dieser Zeit ist es notwendig, wie wir schon mehrmals mitgeteilt haben, sich zu »erinnern«. An die eigene Essenz und an die eigene göttliche Urfrequenz. Dazu kann dir diese Zahlenreihe verhelfen. Sie sorgt dafür, dass du dich erinnerst, und dabei bindet sie dich an die fehlerfreien und vollkommenen Felder der menschlichen Gemeinschaft an. Es sind Felder des Respekts, der Liebe, der Dankbarkeit und des Glücks, sämtlich Felder, in denen die menschliche Gemeinschaft früher gelebt hat.

Jetzt hast du die Möglichkeit, dich an die reine und fehlerfreie Geschichte der menschlichen Gemeinschaft in lemurischer Zeit anzubinden. Diese Erinnerung wird deine Zukunft positiv beeinflussen und dich von denjenigen Parallelwelten abtrennen, in denen sich die Teile deiner Seele nicht mehr befinden wollen.

Deine Seele wünscht sich, wieder ganz zu sein, und sie wünscht sich, sich mit ihrer ursprünglichen göttlichen und komplexen Essenz zu verbinden.

Frieden mit euch,
Frieden mit uns.

11

Die Delfine und
eine Zahlenkombination

Delfine sind für uns heilige Wesen. Wir kooperieren schon seit ihren Anfängen auf dem Planeten Erde mit ihnen. Und sie arbeiten mit uns zusammen, wir sind für sie ein Teil ihrer Heimat. Ihre Delfinkollegen leben nämlich auf den Plejaden. Manche von ihnen haben aber eine andere Körperform oder Farbfrequenz als die auf der Erde lebenden Delfine.

Delfine verbinden alles Heilige und alles spirituell hoch Schwingende, was es auf der Erde gibt. Alles, was rein und göttlich ist. Die Delfinwesen haben ihren göttlichen Ursprung nie vergessen und erinnern alle Wesen, vor allem die Menschen, an ihre Essenz.

Sie verbinden die menschliche Matrix mit der Matrix der Erde, der Ozeane und Meere. Sie verbinden kraft ihrer Intelligenz die menschlichen Wesen mit den Lichtbegleitern des Delfin- und Walreichs. Die unendlichen Weiten der Ozeane lassen diese heiligen Wesen in absoluter Freiheit und Harmonie leben.

Wer von euch jemals Delfinwesen im Meer begegnet ist, wurde wahrscheinlich für das ganze Leben nachhaltig beeinflusst. Die Delfine haben euch bei dieser Begegnung mit dem Delfinbewusstsein verbunden.

Und zwar nicht nur mit dem Bewusstsein der Delfine, denen ihr im Meer begegnet seid, sondern auch mit dem der anderen Delfine, die auf diesem Planeten leben!

Bei der Begegnung mit Delfinen erhöht sich euer Bewusstsein um ein Vielfaches und ihr erhaltet eine Anbindung an das Bewusstseinsfeld der Delfine des ganzen Planeten, das mit dem Bewusstsein heiliger Delfinwesen auf den Plejaden verbunden ist. Ihr erhaltet reine bedingungslose Liebe!

Die Delfine waren noch vor ein paar Jahren durch die menschliche Zivilisation bedroht. Besser gesagt – durch die Folgen ihres unverantwortlichen Verhaltens. Es schien, als würden die Delfine langsam den Rückzug antreten und in ihr ursprüngliches plejadisches Reich zurückkehren und nicht länger auf den Planeten Erde inkarnieren.

Dank der gesamtplanetarischen Kommunikation, welche die Delfine beherrschen, haben sie sich für ihr erhöhtes Vorkommen und eine erhöhte Aktivität auf diesem Planeten entschieden. Sie lieben die menschliche Zivilisation geradezu und helfen allen Menschen mit ihrer göttlichen Reinheit und ihren Heilfrequenzen.

Sie haben sich entschieden, Teil des göttlichen Plans des Goldenen Zeitalters zu werden. Wir sehen die Delfine als »Engel der Meere und Ozeane«.

Die Delfine stehen in ständigem Kontakt mit uns, sie kommunizieren mit uns und grüßen uns liebevoll, wenn wir auf dem Planeten Erde landen. Sie freuen sich, dass wir durch unsere Ankunft ein Stück ihrer Heimat mitgebracht haben. Wir unterstützen uns gegenseitig und übergeben einander liebevolle Frequenzen. Die Delfine sind wie kleine Kinder. Sie sind verspielt, glücklich, und gleichzeitig haben sie das Bedürfnis, in einer Familie und in einer harmonischen Gemeinschaft zu leben. Sie zeigen allen anderen Wesen, wie richtige Kommunikation und ein Kollektiv funktionieren.

Ihre heiligen Schwingungen sind unglaublich. Wir bewundern die Delfine dafür, dass sie sich ihre Reinheit und Göttlichkeit in allen Epochen, die sie hier auf der Erde schon durchlebt haben und durchleben, erhalten konnten. Auch wenn sie im Wasser leben, sind sie über die Matrix der Erde mit der auf den Kontinenten lebenden menschlichen Gemeinschaft verbunden, und dadurch nehmen die Delfine immerzu wahr, was auf dem Planeten vor sich geht. Sie kommunizieren mit den Lichtwesen der Meere und bitten sie um verstärkte Hilfe für die menschliche Gemeinschaft.

Das, was gerade auf dem Planeten geschieht, ist sehr herausfordernd, und die Delfine versuchen, die Gesamtsituation durch ihre Anwesenheit und Lichtarbeit fortwährend zu verbessern. Sie wissen, dass Wasser das Grundelement des Menschen ist. Schließlich besteht der Organismus des Menschen zum allergrößten Teil aus Wasser. Auch in der Gebärmutter wächst der menschliche Embryo im Wasser heran, und erst mit der Geburt auf die Erde wird das menschliche Wesen zum »Menschen«. Jede Zelle des menschlichen Körpers beinhaltet Wasser, und jede Zelle des Menschen ist mit dem Reich der Ozeane und Meere verbunden. Dadurch ist jede Zelle auch mit den Delfinen verbunden.

Die Delfine helfen durch ihre Anwesenheit dabei, den Menschen an die Kristallnetze des Planeten anzubinden. Sie helfen ihm, hier auf dem Planeten leichter zu leben, und damit auch, auf natürliche Weise zu existieren. Die Kristallnetze, die gerade in der Erde entstehen und im Jahre 2021 komplett auf der ganzen Erdkugel vorkommen werden, verbinden den Menschen mit der Kristallmatrix der Galaxis.

Die Delfine nutzen diese Matrix zum Heilen der menschlichen Wesen, und sie nutzen sie zur verstärkten Kommunikation zwischen ihnen und den Menschen. Sie sind an die Kristallreiche des Planeten angebunden und kommunizieren mit ihren lichtvollen Schutzpatronen. Sie bedienen sich der Intelligenz und

Kommunikation der Kristalle und übertragen diese hochgradig heilsamen Frequenzen auf die Menschen.

Den Delfinen geht es in dieser Zeit um eine wichtige Sache, und zwar – die menschlichen Wesen sich erinnern zu lassen, dass sie ein göttliches Wesen in einem menschlichen Körper sind. Sie erinnern zu lassen, dass jedes menschliche Wesen das göttliche Licht in sich trägt. Die Delfine haben sich entschieden, diese dringende Bitte der göttlichen Intelligenz weiterzugeben. Deshalb verbinden sie durch ihre Anwesenheit auf diesem Planeten die menschlichen Wesen mit dem göttlichen Licht. Wie bewundernswert diese Wesen doch sind – und wie schätzenswert!

Die Delfine treten als Medien für die Übertragung der göttlichen Liebe und der göttlichen Informationen auf. Die göttliche Liebe und die göttlichen Informationen gehen durch ihre Körper und Seelen hindurch. Und sie geben diese an euch weiter.

Jedes menschliche Wesen kann sich an ihre Liebe, Göttlichkeit und Verspieltheit anbinden. Und es ist egal, ob ihr den Delfinen schon physisch begegnet seid oder nicht. Sie übergeben allen menschlichen Wesen, die sie empfangen möchten, ihre Liebe, Göttlichkeit und Verspieltheit.

Ihre Symbiose mit den anderen Lichtwesen ist unbeschreiblich schön. Wenn wir Delfine beobachten, die durch Ozeane und Meere schwimmen, erkennen wir auch eine riesige Anzahl an Lichtwesen, die sich in ihrer Nähe aufhalten.

Diese ganze riesige lichtvolle Gruppe hat eine gemeinsame, große Absicht – mit ihrer Liebe und ihrem Licht der menschlichen Gemeinschaft zu helfen und der Natur zu helfen, ihre Kraft und Gesundheit wiederherzustellen.

Falls du ein Mensch bist, den Delfine faszinieren, kannst du dir sicher sein, dass deine Seele schon mit dem Bewusstsein der Delfine verbunden ist. Deine Faszination verbindet dich mit ihrem Reich und mit dem Reich der Wale, die ebenfalls mit den Delfinen kommunizieren.

Die Wale haben eine ähnliche Aufgabe auf der Erde wie die Delfine, aber ihre Hauptaufgabe besteht darin, die Menschen an die perfekt funktionierende und hoch schwingende Beziehung zwischen Mutter und Kind zu erinnern. Sie zeigen durch ihre Existenz, dass die Liebe zu Kindern das schönste und stärkste Band ist, das zwischen Lebewesen existiert. Ein weiterer Vorsatz der Wale ist die Übertragung der mütterlichen Liebe der Erde auf die Menschen. Die Wale sind sehr mit der Erdenseele Gaia verbunden, die Delfine tragen eher galaktisches Wissen in sich.

Jeder Mensch hat die Möglichkeit, sich an das Reich der Delfine und ihre Fähigkeiten anzubinden. Die Delfine haben uns für euch die sehr einfache und gleichzeitig äußerst starke Zahlenkombination **131** übergeben, durch die ihr euch an sie anbinden könnt. Ihr braucht sie nur laut auszusprechen.

Die Zahlenreihe 131

Diese Zahlenreihe wird dir deine Göttlichkeit im menschlichen Körper in Erinnerung rufen. Sie verbindet dich mit dem Bewusstsein der Delfine, mit ihrer Verspieltheit, mit ihrer Liebe, und sie verbindet dich mit dem Reich der Ozeane und Meere.

Verwendest du diese Zahlenreihe, wirst du feststellen, dass die Verspieltheit eines Kindes zu dir zurückkehrt und zugleich die Göttlichkeit deiner Herkunft. Du wirst dir bewusst, was in deinem Leben eigentlich wichtig ist, und du wirst verstehen, dass gewisse Situationen, die du bisher sehr ernst genommen und unter denen du gelitten hast, gar keinen so großen Stellenwert haben. Du wirst sie nun aus einem anderen Blickwinkel sehen können. Du wirst verstehen, dass die Verspieltheit und Reinheit eines Kindes dich das Leben bunter, abwechslungsreicher sehen lassen und dich erkennen lassen, was wirklich essenziell ist und was du für deine Entwicklung wirklich brauchst.

Du wirst auch verstehen, dass das Leben auf diesem Planeten wunderschön sein kann, wenn du diesen Gedanken nur zulässt und anfängst, mit den Augen eines Kindes zu sehen und wahrzunehmen. Du beginnst in der Gegenwart zu leben, im Augenblick.

Deine Zellen erinnern sich dann an die Reinheit deiner kindlichen Seele und sie übertragen diese Verspieltheit aufeinander. Leichtigkeit wird in dein Leben zurückkehren. Leichtigkeit und Verspieltheit.

Verbinde dich durch diese Zahlenreihe mit der Verspieltheit und Leichtigkeit deines Seins und deines Lebens. Verspieltheit und Leichtigkeit werden mit jedem Tag zunehmen. Wenn du es zulässt.

Den Delfinen ist wichtig, dass die menschliche Gemeinschaft schnell zu ihrer reinen göttlichen Essenz zurückkehrt, damit der Aufstieg ins Goldene Zeitalter zu optimalen Bedingungen gelingt. Die Delfine möchten die goldenen Frequenzen des Goldenen Zeitalters mit euch erleben. Genau so, wie auch andere tierische und Pflanzenreiche dieses Planeten das Goldene Zeitalter mit euch erleben möchten.

Diese Zahlenreihe bindet dich an die Liebe von Mutter Erde und an die Liebe eurer Galaxis an. Du wirst an die Liebe der Delfine des ganzen Planeten und an die Liebe der auf anderen Planeten lebenden Delfine angebunden.

So wundervoll ist alles miteinander verbunden. Die göttliche Intelligenz bittet die Delfine um verstärkte Hilfe, und die

Delfine bieten euch ihre Hilfe an. Und durch die Verwendung dieser Zahlenreihe seid ihr auch an Lichtwesen angebunden, die sich in der Nähe der Delfine aufhalten und frequenzmäßig mit ihnen verbunden sind.

Mit jedem Tag wird der menschlichen Zivilisation unsägliche Hilfe von den Lichtwesen zuteil, die sich für die Hilfe beim Aufstieg ins Goldene Zeitalter entschieden haben. Der menschlichen Zivilisation wird auf allen Ebenen geholfen.

Wir beobachten, was sich gerade auf diesem Planeten abspielt, all das lichtvolle und physische Geschehen, und es macht uns glücklich zu sehen, wie viele Wesen sich diesem »Spiel« um den Sieg und die Freiheit angeschlossen haben. Wie viele Lichtwesen in dieser Zeit auf den Planeten Erde hinabgestiegen sind und die unterschiedlichsten Frequenzen zur Heilung der gesamten menschlichen Gemeinschaft übertragen.

So viele Möglichkeiten bietet euch die göttliche Intelligenz an, damit jeder Mensch die geeigneten Wege oder Techniken findet, die zu seinem Verständnis passen. Wie erfinderisch die Lichtwelt doch ist, damit die menschliche Zivilisation zu ihrer Reinheit und ihrem reinen und klaren Denken zurückkehrt. Es ist wunderschön zu beobachten, wie vielen Menschen die Heilung ihrer Existenz bereits gelungen ist. Wie vielen Menschen es dank der Hilfe der Lichtwelt gelungen ist, das Glück in ihrem Herzen zu finden.

Es macht uns glücklich, all dieses herzöffnende Geschehen zu beobachten. Es macht uns glücklich, euch zu helfen und euch Informationen zu übergeben.

Wir sind sehr dankbar dafür, dass wir euch begleiten dürfen. Wir danken euch für euren Fleiß, eure Geduld und euer Vertrauen. Wir danken euch, dass ihr dank dieser Texte mit uns kommuniziert und mit uns frequenzielle Impulse und verschiedenste Informationen austauscht. Eure Gedanken- und Bewusstseinsfelder verbinden euch mit uns. Aber vor allem verbindet uns die Liebe, die von euren Herzen ausgeht, sie verbindet uns mit euch und macht uns glücklich.

Danke, dass ihr da seid. Danke, dass es euch gibt. In diesem menschlichen Körper und in dieser Existenz.

Danke, dass ihr Teil des göttlichen Plans seid, der gerade auf diesem Planeten abläuft.

Danke, dass der göttliche Plan dank euch auf diesem Planeten stattfinden kann.

Jeder von euch ist wichtig. Jeder. Jedes Wesen, jede Existenz. Jedes Leben und jedes Sein. Jede Lebensform strebt auf ihre Vollkommenheit zu. Auch das menschliche Wesen und sein ganz persönlicher Weg streben auf die Vollkommenheit zu.

Wir danken euch allen für eure Hingabe und für eure Hilfe. Für euer Handeln und für euer Verständnis der gesamten Situation. Euer Verständnis bringt Heilung. Heilung auf allen Ebenen der menschlichen Existenz.

Frieden mit euch,
Frieden mit uns.

12

Die Rückkehr der Urfrequenzen zu den Pflanzen und Lebewesen dieses Planeten

Die bedingungslose Liebe, die zu euch allen strömt, erfüllt euer Herz mit Licht, Liebe und Verständnis. Aber für viele ist diese Zeit sehr herausfordernd, und euer Geist hat verstärkt das Bedürfnis, ins Vertrauen zu kommen. Er will die Zusammenhänge dieser Inkarnation begreifen. Er ist ein Werkzeug für das Begreifen, und deshalb übergibt er eurem Herzen kosmisches Wissen. Er reicht Informationen an euer Herz weiter, und euer Herz passt sich an die neuen Informationen, die neuen Frequenzen dieser Zeit an.

Die neuen Frequenzen, die zu eurem Körpersystem kommen, bedeuten für euren Körper Veränderungen, Veränderungen physischer Art. Das physische Herz des Menschen erfährt den verstärkten Zustrom der Informationen als Lichtphotonen, und der Herzmuskel stellt sich auf den verstärkten Lichtfluss ein. Die im Herzmuskel enthaltenen Zellen erhöhen daraufhin ihre Schwingung, das verstärkt ihre Funktion, die Anbindung an die göttliche Quelle wird erleichtert und damit auch der Zustrom an Informationen. Die Zellen sowie das ganze Herzgewebe erhöhen ihre elektrische Spannung. Zwischen den Zellen findet ein schnellerer Informationsaustausch statt, und der Mensch hat die unterschiedlichsten Wahrnehmungen in seinem Herzen. Manche empfinden ein Stechen oder einen Druck. Das Herzgewebe passt sich an die neuen Frequenzen der Neuen Zeit des Goldenen Zeitalters an. Es bereitet sich auf vermehrte Lichtströme kosmischer Energie vor.

Ihr sollt wissen: Das unendliche Licht der göttlichen Energie, das die Erdkugel von allen Seiten umgibt und über eingerichtete Portale ins Erdinnere einfließt, durchleuchtet alles, selbst die verborgensten Teilchen des Planeten.

Die Frequenzen auf dem Planeten Erde, die aus dem Kosmos kommen, erhöhen sich jeden Tag, und das menschliche Individuum nimmt alles auf. Auch die Tierwesen und Pflanzen, die auf dem Planeten leben, nehmen die lichtvollen kosmischen Frequenzen wahr und in sich auf. Jegliche Vegetation empfängt Unmengen an Licht, das sie aus dem Kosmos heraus geradezu flutet, und kodiert dieses Licht in sich ein.

Sicher habt ihr bereits bemerkt, dass die Natur wieder an Kraft und an Schönheit zunimmt. Nach einer langen, unendlich langen Zeit verbinden sich die Pflanzen und jegliche Vegetation erneut mit ihrer Urinformation der göttlichen Quelle. Nach Tausenden von Jahren, in denen die Erdkugel und die auf ihr lebenden Wesen und Pflanzen unter einem unnatürlichen, künstlich durch die dunklen Wesen erzeugten energetischen Deckel dahinlebten, können sie nun wieder echtes und unverfälschtes und reales Licht und Elemente der göttlichen Intelligenz, die darin enthalten sind, empfangen.

Pflanzen und Tiere leben instinktiv und beschäftigen sich nicht mit unnötigen Gedanken, mit denen sich die menschliche Population beschäftigt. Pflanzen und Tiere sind in der Lage, sich schneller und ohne Probleme an ihre Urfrequenzen anzubinden.

Mit dem Zustrom der kosmischen Energie verändert sich das Leben auf der Erde wieder zum ursprünglichen Zustand, der hier vor Jahrtausenden vorzufinden war. Pflanzen und Tiere sind in der Lage, ihre Urfrequenzen und Informationen aufzunehmen, und sie können sehr schnell regenerieren. Innerhalb kürzester Zeit haben sie deshalb ihre Kräfte mobilisiert und begonnen, über Bewusstseinsfelder erneut miteinander zu kommunizieren. Die Pflanzen und Tiere dieses Planeten erhalten ihre urspüngliche Kraft zurück. Viele Pflanzen finden wieder zu ihrer Urinformation, und das bedeutet, dass viele von ihnen zu ihrem ursprünglichen Ausmaß heranwachsen können.

Gleichzeitig fangen auch die Tiere an, über Bewusstseinsfelder verstärkt miteinander zu kommunizieren. Sie werden sich nun Informationen zureichen, die für ihre Entwicklung und ihr Leben auf diesem Planeten wichtig sind.

Manche Tier- und Pflanzenarten werden sich dafür entscheiden, den Planeten zu verlassen, weil ihre Existenz hier auf der Erde nicht mehr erforderlich ist.

Viele von ihnen verweilten hier nur bis zu dieser aktuellen Zeit als Hilfe für die menschliche Gemeinschaft.

Es kommen weitere, neue Arten von Pflanzen und Tieren auf den Planeten Erde, die euch in Zukunft nützlich sein werden.

Manche Tiere und Pflanzen werden durch außerirdische Zivilisationen gebracht werden. Manche wurden in jüngster Vergangenheit schon gebracht. Es handelt sich dabei um Tiere und Pflanzen, die es früher auf dem Planeten gab, aber durch einen Mangel an kosmischem Licht gezwungen waren, den Planeten Erde zu verlassen.

Die dunklen Mächte, die eine dunkle, undurchlässige Schicht um die Erde verbreitet hatten, haben nicht mehr die Kraft und die Macht, diese Schicht zu erneuern. Diese Schicht wurde mit Hilfe aller lichtvollen und positiven Wesen und Frequenzen zerrissen, und nun strömt kosmisches Licht auf den Planeten

Erde, das allen Wesen, die auf der Erde leben und existieren, Heilung, Regeneration und die Urfrequenzen bringt.

Pflanzen und Tiere haben die Fähigkeit, sich fast augenblicklich mit ihrer Urfrequenz zu verbinden. Sie tragen keine Vorurteile oder fehlerhaften Programme in sich. Sie haben es geschafft, sich innerhalb weniger Monate zu regenerieren, und beginnen sich gerade an ihre ursprüngliche Frequenz, Schönheit und Intuitivität anzupassen.

Lediglich Haustiere und Nutztiere haben immer noch ein Problem. Ihnen fällt es schwerer, sich an ihre Urfrequenz anzubinden, da sie zu sehr von der menschlichen Gesellschaft beeinflusst werden oder in Gefangenschaft und unter unnatürlichen Bedingungen leben. Es ist sehr gut möglich, dass bestimmte Nutztiere sich über das kollektive Bewusstsein verbinden und sich für einen kollektiven Fortgang zu ihren Heimatplaneten entscheiden. Sie werden sich entscheiden, sich nicht mehr auf diesem Planeten zu inkarnieren. Es ist gut möglich, dass sich bestimmte Nutztiere für eine kollektive Erkrankung der physischen Hülle entscheiden, damit sie diesen Planeten verlassen können.

Auf eurem Planeten ändert sich alles, doch es sind natürliche Veränderungen. Es wird Ordnung einkehren. Göttliche Ordnung. Vielleicht war den menschlichen Wesen nicht bewusst, dass die Tiere zu eurer Freude zu euch auf diesen Planeten gekommen sind, und wenn sie ihre physische Hülle geopfert haben, dann haben sie es getan, um das Familienleben ihres »Rudels«, in dem sie gelebt haben, aufrecht zu erhalten. So hat das Tier seinen Körper in der reinsten Absicht und in reinster Liebe geopfert.

Zum Beispiel wurde die Milch von Kühen oder anderen Nutztieren energetisch und genetisch programmiert und mit der Familie, in der sie lebten, abgestimmt. Die Familie und die Tiere beeinflussten sich energetisch gegenseitig und halfen einander. Die Familie hat von den Tieren Milch erhalten, die die

Familie frequenzmäßig benötigte, mit allen erforderlichen Vitaminen, Mineralien und genau auf diese Familie abgestimmten genetischen Informationen. Die Milch schadete den Menschen nicht, es existierten keine Allergien.

Die Pflanzen und Tiere in der freien Natur erleben gerade die schönste Zeit ihrer Existenz hier auf der Erde. Pflanzen und Bäume nehmen jegliche Informationen in sich auf. Sie sind sehr robust und beginnen sich auf das milde Klima vorzubereiten, das bald auf den Planeten zurückkommt.

Zudem sind auch Kinder in der Lage, sich sehr schnell mit ihrer Natürlichkeit und mit ihrer menschlichen Urfrequenz zu verbinden. Mit der Frequenz der Natürlichkeit, Liebe und Freude.

Geht mit den Kindern so oft wie möglich in die Natur und lasst ihre Herzen sich durch die Flut kosmischer Liebe und ihrer wunderschönen Frequenzen regenerieren. Die sich in der Natur aufhaltenden Lichtwesen freuen sich über die Maßen über den Besuch von Kindern in der Natur. Sie lieben ihre Verspieltheit und Reinheit und helfen euren Kindern, sich an ihre Natürlichkeit zu erinnern.

Die technischen Möglichkeiten, die eure Kinder nutzen, haben zwar den Vorteil der verbesserten Kommunikation untereinander, aber sie schaden dem jungen, nicht ausgewachsenen kindlichen Organismus sehr. Sie zerstören ihre Anbindung an die Natur und an die Heimatgalaxis. Die Strahlung elektronischer Geräte vernichtet ihren Geist und die natürliche Anbindung an die Natur und die Anbindung an sich selbst. Sie stört die zum Herzen des Kindes fließenden Meridiane, und sie stört die Möglichkeiten für ihre positive Zukunft. Seid euch bewusst darüber, dass ihr als Eltern die Möglichkeit habt, die an elektronischen Geräten verbrachte Zeit zu begrenzen oder zu verkürzen.

Eure Kinder sind eure Zukunft. Durch den Aufenthalt in der Natur erinnern sich die Kinder an ihre Aufgabe hier auf der

Erde, an ihre Natürlichkeit und an die natürlichen Fähigkeiten, welche die neuen Generationen der Kinder in sich tragen.

Die Absicht der dunklen Mächte war es, eure Kinder von ihren natürlichen Fähigkeiten abzutrennen, und zwar eben mit Hilfe der elektronischen Geräte, weil die Angebote dieser Errungenschaften für eure Kinder mehr als verlockend sind.

Macht euch bewusst, dass Kinder die Träger eurer neuen Zukunft sind und versucht, sie so oft wie möglich an ihre Natürlichkeit zu erinnern.

Wir wissen, dass es nur eine Frage weniger Jahre ist, bis sich die menschliche Zivilisation an eine andere Art der Kommunikation anbindet. An eine energetisch unschädliche Kommunikation. Aber wir wissen auch, dass die Absicht der dunklen Mächte, den glücklichen Übergang der jungen Generation in die goldene Zukunft zu unterbinden, nach wie vor mehr als real und erfolgreich ist.

Nur die Natur, Verständnis und Durchhaltevermögen können euren Kindern bei der Veränderung ihres Verhaltens helfen.

Wir sind uns sicher, dass mit der Ankunft der freien Energie eine neue Form der menschlichen Existenz hier auf diesem Planeten Erde anbricht. Eine reine Form der Kommunikation, eine reine Form der Energie und eine reine Form jeglicher Produktion ohne jegliche Schadstoffe oder Abfall. Monetäre Zahlungsmittel werden wegfallen, weil die Form der Manifestation aller Gegenstände mit Hilfe von kosmischem Plasma und anderer hilfreicher kosmischer Elemente jedem menschlichen Bewohner dieses Planeten die Produktion seiner eigenen Bedarfsgegenstände ermöglicht.

Zahlungsmittel werden überflüssig sein. Und damit endet der ewige Kampf um alles Physische hier auf der Erde.

Die Menschen werden sich wieder umorientieren können. Auf alles Wesentliche umorientieren. Und ihre Herzen auf Liebe einstellen. Auf kosmische und zwischenmenschliche Liebe.

Übung

Damit dein Herz das verstärkte Licht der kosmischen Energie aufnehmen kann, sich daran gewöhnt und es nach einer Weile auch deine Urfrequenzen und Urinformationen aufnehmen kann, kannst du die folgende einfache Übung samt Affirmation verwenden:

»Setze oder lege dich gemütlich hin und atme tief.

Konzentriere dich auf dein Herz. Lasse dein Herz erstrahlen, als würden sich Sonnenstrahlen darin befinden.

Atme tief und sprich:

»Mein Herz, ich danke dir dafür, dass du unermüdlich für mich arbeitest.

Ich danke dir für deine Arbeit, für deine Ausdauer und für deine Liebe.

Ich danke dir, dass ich dank deiner existiere.

Ich verbinde dich mit der Liebe der göttlichen Quelle.

Ich liebe dich.

Ich liebe mich selbst auf allen Ebenen meines Seins und meines Lebens.

Ich segne dich.

Ich segne mich auf allen Ebenen meines Seins und meines Lebens.

Danke. Danke. Danke.«

Anmerkung der Autorin

Die Plejader haben mir außerdem ein Symbol übermittelt, das uns zumindest teilweise vor Elektrosmog schützt. Dieses Symbol sollte in allen Ecken des Raumes platziert werden. Du kannst diesen Kreis kopieren und ausschneiden oder auch einfach abmalen.

Die Zahlenreihe **88445719** minimiert insgesamt alles Negative und verstärkt alles Positive.

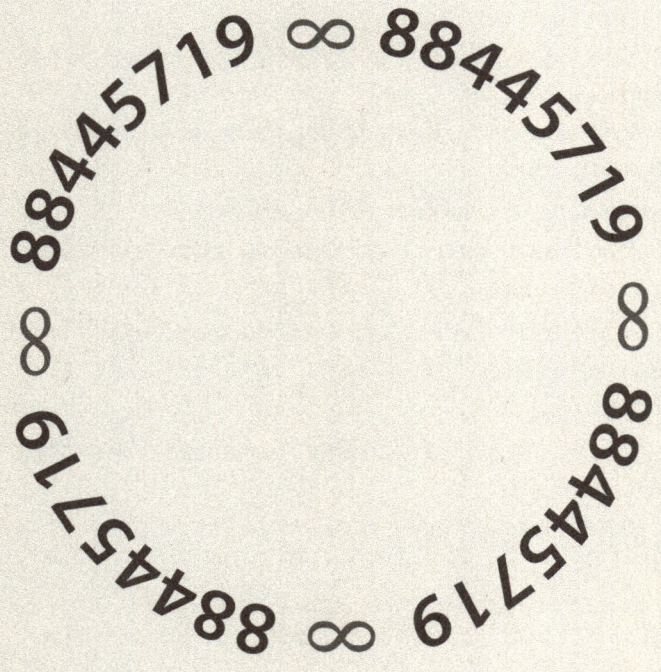

Frieden mit euch, Frieden mit uns.

13

Die neuen kosmischen Kinder und der Lichtkörperprozess

In den nächsten Jahren werden für die menschliche Gemeinschaft viele Veränderungen anstehen. Aber es macht keinen Sinn, ständig über bestimmte mögliche negative Varianten nachzudenken. Den größten Sinn macht positives Denken. Veränderungen gehören natürlicherweise zu dieser Zeit dazu und wie, wenn nicht durch Veränderungen, könnte die neue Entwicklung stattfinden? Sie könnte nicht verwirklicht werden.

Zum göttlichen Plan gehört auch die festgelegte Anzahl an lichtvollen Personen, die gerade auf dem Planeten Erde vorkommen. Es ist notwendig, sich klarzumachen, dass der göttliche Plan vollkommen genaue Vorgaben hat.

Damit die positive Entwicklung verwirklicht werden kann, werden Seelen von verschiedensten Planeten verschiedenster Planetensysteme auf dem Planeten Erde inkarnieren, vor allem aus eurer Galaxis. Schon mehrmals haben wir sie erwähnt. Wir nennen sie die kosmischen Kinder.

Immer mehr dieser kosmischen Kinder werden auf den Planeten Erde inkarnieren. Viele von ihnen bringen große, positive Veränderungen mit. Sie bringen neue Perspektiven und neue Erfindungen in den unterschiedlichsten Richtungen. Viele dieser Kinder kommen mit der größten Aufgabe auf die Erde – und zwar, der menschlichen Gemeinschaft zu helfen. Für diese im menschlichen Körper befindlichen kosmischen Seelen sind Verständnis und gegenseitige bedingungslose Liebe die größte Aufgabe.

Viele von ihnen kamen und kommen nicht mit dem Zweck auf die Erde, sich auf natürliche Weise zu vermehren und eine Familie zu gründen. Sie sind mit anderen Aufgaben gekommen. Für viele von ihnen spielt Sexualität keine Rolle. Einige inkarnierten oder inkarnieren in einen menschlichen Körper, bei dem das Geschlecht unbestimmt ist oder der nicht einmal ein Geschlecht hat. In der aktuellen Zeit macht es vielen Leuten Schwierigkeiten, dies zu verstehen. Sie betrachten dieses Phänomen als abnormal, und manche Menschen verurteilen diese Individuen. Glaubt aber, dass sie der menschlichen Gemeinschaft in den unterschiedlichsten Bereichen helfen.

Dadurch, dass diese kosmischen Wesen nicht mit dem Ziel gekommen sind, hier auf der Erde ein typisches Familienleben zu führen und eine Familie zu gründen, kommt es zu einem natürlichen Ausgleich der Anzahl der Erdbewohner. Ihre Inkarnation wird die menschliche Population nicht gefährden, aber es kommt zu einem gesunden Ausgleich.

Für die menschliche Gemeinschaft wird das bedeuten, Toleranz und gegenseitige bedingungslose Liebe zu lernen, auch wenn diese Wesen sich ein wenig vom menschlichen »Normal« oder der Norm unterscheiden.

Schon in dieser Zeit hat die menschliche Gesellschaft dieses Phänomen registriert.

Aber auch für diese kosmischen Seelen im menschlichen Körper ist ihre Aufgabe hier auf der Erde immer noch kompliziert, da sie sich mit verschiedensten Vorurteilen und der Verurteilung anderer Leute oder Familienmitglieder abfinden müssen.

Diese Zeit erfordert vermehrt Toleranz und das Loslassen der eigenen festgefahrenen Vorstellungen, wie die umgebende Welt aussehen und wie sie funktionieren sollte. Veränderungen erfolgen praktisch täglich auf diesem Planeten, und es ist notwendig, diese Veränderungen anzunehmen und nicht gegen sie anzukämpfen. Es ist weise, sich den neuen Möglichkeiten und neuen Varianten zu öffnen, die der Menschheit beschert werden.

Diese Zeit ruft in euch eine herausragende Fähigkeit wach, nämlich – sich auf die wichtigsten Dinge zu konzentrieren, die gerade für euch anstehen! Es ist nicht weise, die Unmenge an Verpflichtungen des täglichen Lebens, das ihr bisher gelebt habt, weiterhin zu erfüllen. Konzentriert euch auf das, was wirklich wichtig für euch ist. Lasst den Perfektionismus und beschäftigt euch mit Dingen, die euch Vorteile für die neue, persönliche positive Entwicklung bringen. Es ist nicht notwendig, weiter an den alten, nicht mehr funktionierenden Regeln der überkommenen menschlichen Gesellschaft, die euch belasten, zu hängen. *Die Konzentration auf die neuen Regeln der Liebe, des Verständnisses, des Mitgefühls und der Dankbarkeit spielen in dieser Zeit die größte Rolle.*

Konzentriert euch vor allem auf Letzteres und lasst ab von täglichen Pflichten, denen ihr einzig und allein deshalb nachgeht, damit andere Leute euch nicht verurteilen. Beginnt damit bei euch selbst, bei eurer Person, und lasst euch nicht von Menschen, die sich ihre eigenen Regeln geschaffen haben, beeinflussen.

Lasst euch von eurer Intuition leiten. Lasst das los, was euch nicht mehr dient. Viele menschliche Individuen drehen sich immer nur im Kreis und stecken in einer Abfolge von Arbeiten und Verpflichtungen fest, aus denen sie nicht heraus können. Sie bewegen sich darin wie in einem geschlossenen Kreislauf und vergessen das Wichtigste: *sich auf sich selbst zu konzentrieren und Gutes zu tun, vor allem und in erster Linie sich selbst.*

Sie vergessen sich selbst, jeder ihrer Tage verläuft nach einem vorher genau festgelegten Plan, und sie sind nicht der Flexibilität oder neuen Denkens fähig.

In dieser Zeit ist es notwendig, aus diesem Karussell auszusteigen! Sich jeden Tag wenigstens kurz Zeit für sich selbst zu nehmen und sich auf sich selbst zu konzentrieren. Durch die Konzentration auf dich selbst erzielst du Selbstliebe. Und du erhältst Gelegenheit, über die veralteten Regeln deines Alltaglebens nachzudenken!

Nur durch positive Veränderungen ist die Menschheit in der Lage, aus diesem kollektiven Karussell auszusteigen. Eure Bewusstwerdung über diese Tatsache ist dabei das Wichtigste. Durch eure Bewusstwerdung zerreißt ihr das Netz des gesamten veralteten Denkens der Menschheit. Vor allem bei der Bevölkerung der fortschrittlicheren Länder weicht das menschliche Individuum diesbezüglich vom Normalen ab.

Wir wissen, dass der Mensch ein Wesen ist, das sich sehr schnell an gewisse Dinge gewöhnen kann. Es ist für ihn schwierig, aus gewissen täglichen Ritualen auszusteigen, und es ist für ihn schwierig anzufangen, sich bewusst zu machen, dass der Kontakt zu sich selbst das Wichtigste ist. Das ist aber überaus wichtig. Es ist überaus wichtig, sich auf die eigene Person und auf seine natürlichen Bedürfnisse zu konzentrieren.

Solange sich der Mensch im momentanen Karussell verschiedenster veralteter Verpflichtungen veralteter Gedankenmuster befindet, bleibt er in seiner alten Realität stecken und hat nicht die Möglichkeit, eine neue Realität zu erschaffen!

Geschweige denn beispielsweise über die Möglichkeiten eines Lichtkörpers oder die Anbindung an kosmische Frequenzen nachzudenken!

Der Lichtkörper, von dem in dieser Zeit oft die Rede ist, kann nur unter der Voraussetzung programmiert werden, dass eure Chakren im Körper und die Lichtchakren ohne jegliche Probleme funktionieren. Das bedeutet, ihr müsst zuvor eure karmischen und Lebensthemen verarbeitet haben. Das Herzchakra muss absolut durchlässig und mit der kosmischen Schwingung verbunden sein. Eure Lichtchakren über eurem Körper müssen in der Lage sein, die Urfrequenzen und Urinformationen eurer Göttlichkeit auf euer Herz zu übertragen.

Dann beginnt die Phase des lichtvollen Körpers, in der eure Zellen ohne Probleme und bedingungslos Informationen über eure göttliche Herkunft aufnehmen und euch mit eurer göttlichen Herkunft verbinden.

Der Lichtkörperprozess hat bei vielen menschlichen Wesen bereits teilweise begonnen, weil es ihnen gelungen ist, den Großteil dieser Voraussetzungen zu erfüllen.

Bis zum Jahr 2012 war es im Allgemeinen nicht möglich, diese Voraussetzungen zu erfüllen, da die frequenzmäßige und planetarische Situation es nicht zuließen. Wir sehen, dass erst und gerade seit dem Jahr 2018, als die kosmische Christusliebe angefangen hat, auf die Erde zu strömen, und seit dem Jahr 2019, mit den ersten Strahlen der göttlichen Zentralsonne, es den menschlichen Wesen allmählich gelingt, in den Lichtkörperprozess einzutreten.

Bis zu dieser Zeit war das praktisch und physisch nicht möglich. Der Hauptvorteil beim Prozess des Lichtkörpers besteht darin, dass die Zellen dank der göttlichen Frequenzen die Fähigkeit haben, sich zu regenerieren und sich zu erinnern. Für die Zellen bedeutet das Langlebigkeit und Zähigkeit. Die Zellen verschmelzen förmlich mit den kosmischen Frequenzen des Lichts, und so gelingt es ihnen, sich kraft ihrer Schwingung mit der Unendlichkeit und Ewigkeit dieses unendlichen Universums zu verbinden.

Unsere Zivilisation befand sich einst ebenfalls im Prozess des Lichtkörpers, und deshalb können wir bezeugen, dass ein Lichtkörper unendliche Möglichkeiten beschert. Unser Bewusstsein befindet sich jetzt auf der siebten Bewusstseinsstufe. Unsere Herzen und Körper sind so mit dem göttlichen Licht verbunden und verschmolzen, dass es uns gelingt, unsere Körper lichtvoll in Milliarden von Lichtteilchen aufzulösen und wieder in ihren ursprünglichen Zustand »zusammenzusetzen«. Das bringt uns vermehrt Möglichkeiten, in Raum und Zeit zu reisen, und es bringt uns die Möglichkeit der Teleportation. Dank dieser Möglichkeit können wir durch Lichtportale zu anderen Planeten reisen. Wir können dank dieser Möglichkeit auch zu euch Menschen reisen, auf den Planeten Erde.

Das Goldene Zeitalter bietet euch unendliche Möglichkeiten an – und deshalb verlasst euer veraltetes Denken, veraltete Denkmuster und veraltete Formen des alltäglichen Lebens, die euch nicht mehr dienen.

Konzentriert euch auf euch selbst und auf eure positive Zukunft. Durch die Konzentration auf euch selbst und durch das Verlassen veralteter Formen helft ihr automatisch anderen Wesen. Die veralteten gedanklichen Netze werden endlich zerrissen werden.

Frieden mit euch,
Frieden mit uns.

14

Der Einfluss holografischer Bilder auf die menschliche Gemeinschaft

Mit der Ankunft der kosmischen Liebe formen sich unterschiedlichste Systeme auf der Erde um. Die politische Szene, die künstlich erzeugt ist, erlebt schwierige Zeiten, weil die Menschen erwachen und feststellen, dass sie die Führung einer bestimmten politischen Partei überhaupt nicht brauchen.

Sie erwachen und stellen fest, dass jegliches Geschehen auf diesem Planeten bloß ein Traum gewesen ist. Ein Traum, aus dem jeder erwachen und danach beginnen kann, sein eigenes *reales* Leben zu leben.

Die Menschheit ist vom realen Leben abgetrennt worden. Sie befand sich in einer Illusion ihres Lebens, das gar nicht das reale Leben war. In einer Illusion, die die Lebensideale von Millionen menschlicher Wesen zerstört hat, welche ihr Leben auf diesem Planeten bis zu dieser Zeit mehr als ernst genommen haben. Eure Sinne waren an Energiefelder von Illusionen angebunden. Von Illusionen und ihren unendlichen, weit reichenden Verwirrungen. An die menschliche Gesellschaft wurden Hologramme ausgesendet, die den meisten menschlichen Wesen mehr als wirklich vorkamen. Sie konnten nicht erkennen, was eine bloße Illusion und was Realität ist. Die dunklen Illusionsfelder und ihre holografischen Bilder haben ihren Geist beherrscht und sie in Hoffnungslosigkeit leben lassen.

Viele menschliche Wesen haben die Hoffnung in die Zukunft verloren. Warum sollten sie auch für etwas kämpfen? Schließlich erscheinen die in die holografischen Räume ausgesendeten Zukunftsbilder mehr als tragisch.

Viele menschliche Wesen ahnen bis heute nicht, dass ihre Realität manipuliert worden ist, und wir möchten euch erneut darauf hinweisen, dass in der nächsten Zeit verschiedenste Erscheinungen holografischer Bilder auftauchen können, die die menschliche Gemeinschaft glauben lassen, dass die dunklen Wesen freundlich gesinnte Völker und Helfer der Menschen in dieser schwierigen Zeit sind. Die dunklen Wesen planen ständig neue und abermals neue Ideen, wie sie noch in ihren letzten Momenten hier auf der Erde die menschliche Gemeinschaft beeinflussen und verunsichern können.

Lange haben wir darüber nachgedacht, ob wir euch die folgende Information mitteilen. Lange haben wir abgewägt und uns darüber ausgetauscht, ob euch die folgende Information aus dem Gleichgewicht bringen könnte. Nach unserem langen Abwägen teilen wir euch diese Information nun mit, damit ihr auf alle Eventualitäten vorbereitet seid.

Wir wissen, dass die dunklen Wesen holografische Erscheinungen geplant haben, die an eurem Himmel auftauchen sollen. Es geht um eine Erscheinung, in der ein falscher Jesus Christus auf den Planeten Erde hinabsteigt, dessen Plan es sein soll, den Planeten Erde und seine Bewohner zu erlösen. Dieser »gefälschte« holografische Jesus Christus würde dann eine Verbindung zwischen eurem Geist und eurer Seele zu den dunklen Felder der dunklen Wesen aufbauen. In eurem Vertrauen würde man euch physisch und seelisch schaden! Die dunklen Wesen wissen, dass Jesus Christus für die menschliche Gemeinschaft eine Ikone und eine unantastbare Person darstellt. Der Missbrauch des Namens und der Person Jesu Christi würde für die menschliche Gemeinschaft eine der widerwärtigsten Angelegenheiten der Menschheitsgeschichte bedeuten. Immerhin hat die Kirche seinen Namen schon mehr als genug missbraucht ...

Die holografischen Bilder, die seit jeher durch die dunklen Wesen auf die menschliche Gemeinschaft ausgesendet werden, haben eine sehr reale Form. Und deshalb möchten wir euch auf diese Möglichkeit hinweisen. Der falsche Jesus Christus würde euch an dunkle Elemente der dunklen Wesen anbinden.

Dabei ist die auf den Planeten Erde einströmende *Christusenergie* in jedem Lichtteilchen enthalten. Verwechselt sie bitte nicht mit diesem holografischen Bild! *Jedes Wesen hat Zugang zur Liebe und dem Licht Christi!* Lasst euch deshalb nicht durch Bilder verwirren, die möglicherweise auf die Menschheit ausgesendet werden. Lasst euch nicht verwirren und vertraut auf eure Intuition.

Vielleicht kommt es nicht zu dieser Eventualität.

Vielleicht verlassen die dunklen Wesen euren Planeten ohne jegliche Probleme.

Vielleicht werden sie sich aber um die letzten Versuche bemühen.

Wir möchten euch nur darauf aufmerksam machen, dass diese oder eine andere Variante bei der missbräuchlichen Verwendung der Hologramme eintreten könnte. Wir möchten euch keine Angst einjagen. Schließlich können wir am besten bezeugen, wie sehr Angst schaden kann. Wir möchten euch lediglich informieren. Über mögliche Eventualitäten informieren. Sie müssen aber nicht unbedingt eintreten ...

Es ist uns und weiteren friedliebenden, außerirdischen Völkern gelungen, mit den dunklen Zivilisationen eine große

Anzahl vernünftiger Abmachungen darüber zu treffen, wann sie den Planeten Erde verlassen und zu ihren Heimatplaneten zurückkehren sollen.

Die größte Arbeit und der größte Prozess läuft gerade bei den menschlichen Wesen ab, die einen Teil der dunklen außerirdischen seelischen Komponenten in sich tragen. Auf diese menschlichen Wesen wirken wir mit einer verstärkten Form der Frequenz kosmischer Liebe ein. *Die göttliche Intelligenz hat uns dazu die Erlaubnis gegeben. Sie hat die Erlaubnis gegeben, dass alle Ebenen und Sphären auf dem Planeten Erde in die ursprüngliche göttliche Ordnung zurückkehren.*

Und das macht uns große Freude. Wir dürfen friedlich in Prozesse eingreifen, welche die *positive* Entwicklung der Menschheit betreffen. Der Kosmische Rat, der uns Informationen der göttlichen Intelligenz übergibt, steht in ständigem Kontakt mit uns und bestärkt uns frequenzmäßig und beschützt uns.

Ihr sollt wissen: Wir haben den großen Vorteil, dass wir unsere Körper in Lichtenergie auflösen können.

Dadurch ist unsere physische Hülle unverwundbar. Wir verschmelzen durch unser Licht und unsere Schwingung mit der göttlichen Frequenz, und alle Lichtelemente unseres physischen Körpers können sich auch wieder zur ursprünglichen Form zusammensetzen. Dennoch müssen wir bekennen, dass uns dieser lange »Kampf« hinter den Kulissen des menschlichen Wissens schon oft viele Kraft gekostet hat.

Wir lieben die menschliche Gemeinschaft sehr. Ihr seid unsere Geschwister, ihr gehört zu unserer großen Familie und unser größter Wunsch ist es, euch dabei zu helfen, euch aus den Geschicken der dunklen Wesen und der dunklen Mächte zu befreien. Es ist uns eine große Ehre, dass eine riesige Anzahl menschlicher Wesen mit uns zusammenarbeitet, die uns mit ihrem Licht und ihrer Liebe unterstützen. Zu ihnen gehört auch ihr. Ihr, die ihr diese Zeilen lest. Eure Anwesenheit bestärkt uns und gibt uns Mut für die Neue Zeit.

Dieser Kampf, den wir eigentlich nicht Kampf nennen wollen, dauert schon mehrere Jahrtausende an. Aber erst jetzt haben wir die Möglichkeit zu sehen, dass unsere Mühen nicht vergebens waren. Viele außerirdische dunkle Zivilisationen haben sich entschieden, freiwillig den Rückzug von diesem Planeten anzutreten, oder sie haben sich auf helle Frequenzen umprogrammiert, weil sie begriffen haben, dass dunkle Elemente hier auf der Erde nicht länger überleben können. Wir können dabei zusehen, wie viel Positives hinter den Kulissen des momentanen Prozesses geschieht. Wir können dabei zusehen, wie die holografischen Objekte an Intensität abnehmen, da das Licht der menschlichen Herzen keine andere Realität als eine helle Realität zulässt. Hinter den Kulissen der holografischen Bilder gelingt es, die lichtvollen Realitäten mit den Realitäten weiterer friedliebender außerirdischer Völker und mit den lichtvollen Realitäten anderer Planeten zu verbinden.

Die holografischen Bilder ließen und lassen euch teilweise immer noch in einer falschen Vorstellung von großer Unbarmherzigkeit und Härte des irdischen Lebens leben.

Falls ihr aber eurer Intuition vertraut, stellt ihr fest, dass ihr euch das Leben so erschafft, wie ihr es wollt. Wenn ihr euer Denken verändert und aufhört, euch an diese holografischen Bilder, die gerade verstärkt ausgesendet werden, anzubinden, stellt ihr fest, dass die Realität um euch herum sehr wohl beeinflussbar ist. Ihr stellt fest, dass ihr selbst eure Realität beeinflussen könnt und damit eure Zukunft. Ihr stellt fest, dass die Realität eures Lebens in die Richtung veränderbar ist, wie ihr sie euch erschaffen wollt. Die schädlichen Vorhänge und Wände fallen, und ihr öffnet euch einer neuen positiven Zukunft.

Ihr stellt fest, dass euer Denken auch das Denken anderer menschlicher Wesen beeinflusst, und ihr versteht, dass die falschen Realitäten keine Chance mehr haben. Nichts kann euch bedrohen. Ihr seid keine Opfer des Schicksals. Es kommt darauf an, wie positiv eure Gedanken sind und wie stark ihr eure neue Realität beeinflusst. Das menschliche Individuum ist zu unglaublichen Ergebnissen bei der Manifestation seiner Wünsche in der Lage. Eure Möglichkeiten vermehren sich. Zweifelt bitte nicht und vertraut weiter. Vertraut auf eure positive Kraft. Beginnt bei euch selbst. Ihr beeinflusst dadurch auch die Welten anderer, mit denen ihr verbunden seid. Einer beeinflusst den anderen, und die gerade auf der Erde beginnende Kettenreaktion durchleuchtet die Realitäten der Menschheit. Lasst euch nicht abbringen, lasst eure positiven Ansichten und Gedanken nicht von anderen niedertrampeln. Vertraut euch selbst und vertraut eurem Herzen! Euer Herz wird euch nicht enttäuschen!

Wiederholt für verstärktes Vertrauen in euer Handeln die Zahlenkombination **3717** in eurem Geist oder sprecht sie wiederholt laut aus. Eure Stimme verbindet euch stärker mit uns. Ihr werdet unsere Anwesenheit spüren, ihr werdet unsere Liebe spüren. Wir sind mit euch, und wir begleiten euch.

Eure Engel und alle Lichtwesen, die sich entschieden haben, zu diesem irdischen göttlichen Plan zu gehören, begleiten euch verstärkt. Glaubt daran, dass ihr nicht alleine seid. Glaubt daran, dass eine unzählige Menge friedliebender und liebevoller Lichtwesen zum göttlichen Plan der positiven Zukunft der Menschheit gehört.

Ihr seid nicht allein.

Macht euch das in jedem Augenblick bewusst.

Der Übergang der Menschheit in die positive Realität läuft gerade ab. Es gibt keinen Weg zurück. Eure Wege streben einem positiven

Ergebnis zu. Vertraut und bezweifelt euer Handeln nicht. Das Goldene Zeitalter wird alle Realitäten der positiven menschlichen Entwicklung zu einer riesigen positiven Realität verschmelzen.

Die Welten der Realitäten verbinden sich, und die falschen Illusionen und ihre Bilder werden euch verlassen. Die zeitlichen und räumlichen Linien verbinden sich zu einer.

Es steht eine neue Ära der Menschheit an.

Frieden mit euch,
Frieden mit uns.

15

Die große Lichtrevolution und ein galaktischer Krieg

Es ist uns eine große Freude, euch mitzuteilen, dass euer Planet zunehmend feinstofflicher wird. Ganze Systeme, und zwar nicht nur energetische Systeme, bilden sich um und verändern ihre Schwingung hin zu einer feinstofflicheren und harmonischeren Schwingung.

Das menschliche Individuum verändert seine niedrig schwingende Frequenz, die vor so langer Zeit auf ihn übertragen wurde und die Tausende Jahre lang vorhanden war. Es beginnt, diese Schwingung zu verlassen. Es beginnt, sich an die Systeme der Galaxis anzubinden und damit gleichzeitig in die kosmische Ordnung zu fügen.

Dabei kommt es zu einer großen Lichtrevolution …

Auf eurem Planeten existieren nämlich Gruppierungen außerirdischer Zivilisationen, die jegliches Geschehen der menschlichen Gesellschaft beeinflusst haben.

Die Lähmung und geheime Herrschaft, die durch diese Zusammenschlüsse in allen Bereichen der menschlichen Zivilisation verbreitet wurden, beginnt sich zusehends im wachsenden Lichtfeld aufzulösen.

Auf eurem Planeten waren es dreizehn verwandtschaftliche Linien, die das Leben der Menschheit und der Natur dieses Planeten Erde beeinflussten. Diese Gruppierungen, die bislang eine unerschütterliche Position in politischen und wirtschaftlichen Kreisen innehatten, haben sich jetzt verändert und ihre Positionen verlassen.

Man könnte sagen, dass nach ihrer Reihenfolge die dreizehnte Familienlinie (wir möchten keine davon beim Namen nennen) die bislang stärkste Linie war, welche die politischen Systeme dieser Welt beeinflusste. Sie hat die meisten Mitglieder und Familienangehörigen. Ihre Angehörigen befinden sich in menschlichen Körpern, aus denen sie jederzeit heraustreten können und die ihre Gestalt ändern können. Auch wenn diese dreizehnte Linie ihrer Reihenfolge nach nur den letzten Platz belegt, war sie bisher die mächtigste und aufs Engste mit allen anderen zwölf Familienlinien verbunden.

Diese aus dem Verborgenen wirkende Linie war die führende Linie für alle anderen zwölf Linien und beherrschte bislang die ganze Welt. Aber auch sie hat ihre als unerschütterlich geltende Position jetzt verlassen und verändert sich rasend schnell.

Große Freude und Begeisterung für zukünftige, friedliche Projekt bringt die Tatsache, dass die ersten drei Linien dieser Gruppierungen den Planeten Erde sogar schon vollständig verlassen haben. Drei von dreizehn Linien existieren hier nicht mehr!

Und auch die anderen Gruppierungen gelangen allmählich zu der Erkenntnis, dass eine Umprogrammierung auf feinstofflichere Schwingungen mehr Nutzen für das weitere Leben und die Existenz auf der Erde bringen könnte.

Deshalb beginnt in den verbliebenen zehn Linien jetzt eine Kettenreaktion abzulaufen, die immer mehr Mitglieder erfasst. Die liebevollen kosmischen Frequenzen durchdringen die Schwingung jedes Einzelnen auf der Erde Lebenden.

Sie werden förmlich durchleuchtet!

Und jeder Einzelne hat das Recht zu entscheiden, welchen Weg er nun einschlägt. Viele von ihnen sind bereits freiwillig von ihren Positionen zurückgetreten, vor allem diejenigen, die in einem menschlichen Körper inkarniert sind und die Möglichkeit, je nach Bedarf den menschlichen Körper zu verlassen oder ihre Gestalt zu ändern, *nicht* angenommen haben, weil sie es vor ihrer Inkarnation so beschlossen.

Mit jedem Tag verlassen unterirdische Gruppen negativer außerirdischer Zivilisationen den Planeten Erde, eine nach der anderen, weil der Planet Erde seit der Öffnung neuer Lichtportale eine enorme Menge feinstofflicher Frequenzen der Liebe und des Positiven in sich aufnimmt. Deshalb haben vor allem die im Inneren der Erde befindlichen Zivilisationen diesen Planeten größtenteils verlassen müssen.

Diese gewaltige Lichtrevolution, die sich gerade auf der Erde abspielt, lässt einzig und allein den Wesen Raum, die zu den Lichtfrequenzen der Neuen Zeit passen.

Logisch gesehen ist dies das Ergebnis von Resonanz. Dunkle Wesen und Mächte finden auf diesem Planeten einfach nicht mehr ausreichend negative Lebensenergie für ihre Existenz.

Der aktuell stattfindende Kampf darum, »wer gewinnt«, konnte nicht ausbleiben, denn der Planet Erde steigt auf. Seine Feinstofflichkeit nimmt stetig zu. Deshalb wird dieser aktuell stattfindende Kampf auch ganz wesentlich unter den dunklen Mächten selbst ausgetragen. Die noch auf dem Planeten Erde verbliebenen zehn Linien, die längst nicht mehr vollständig und komplett sind, kämpfen um ihre Positione, an die sie seit Jahrtausenden gewöhnt waren. Die um den Planeten Erde herum und in seinem Inneren vorkommenden dunklen Energiefelder sind größtenteils bereits in Licht umgewandelt.

Langsam haben die hier in menschlichen Körpern lebenden dunklen Wesen nichts mehr, wovon sie noch zehren könnten. Die Welt wird ihnen zu licht!

Ihr sollt nun aber erfahren, dass die lichten Kräfte des Aufstiegs sich nicht ganz ohne Widerstand entwickeln konnten. Licht und Dunkelheit trafen erst kürzlich wieder aufeinander, als im Jahr 2019 ein Krieg stattfand. Ein galaktischer Krieg. Ein Krieg um den Planeten Erde. Eine dunkel ausgerichtete außerirdische Zivilisation, die aus einer anderen Galaxis kam, wollte den gesamten Planeten und seine Bewohner energetisch und physisch angreifen. Diese Zivilisation war auch uns zuvor nicht bekannt.

Sie begann die menschliche Bevölkerung der Erde zu Beginn des Jahres 2019 energetisch zu beeinflussen, und sie begann, mit den bereits erwähnten dreizehn Gruppierungen zusammenzuarbeiten, die bis zum Frühjahr 2019 noch komplett auf der Erde existierten. Diese Zusammenschlüsse machten sich sofort daran, überall auf dem Planeten künstlich konstruierte politische und wirtschaftliche Situationen zu erschaffen, die die ganze menschliche Gesellschaft in Emotionen der Aggressivität und Nervosität führten und die abgründigsten Elemente des menschlichen Egos wiederaufleben ließen.

Hinter den Kulissen spielte sich ein Kampf um die menschliche Gemeinschaft ab. Mit Unterstützung des Lichts und der Liebe, die von menschlichen Individuen ausgesandt wurden, gelang es jedoch friedliebenden außerirdischen Zivilisationen, die menschliche Zivilisation vor dieser Gefahr und der negativen Situation zu bewahren.

Vielleicht haben viele von euch in dieser Zeit gespürt, dass es große Nervosität auf dem Planeten Erde gab. Die Unruhe und Besorgnis in der Menschheit nahm zu. Nun kehrt aber alles ins Normale zurück, und die Menschheit ist in Sicherheit.

Viele Mitglieder der mächtigsten Familienlinien brachte dieses Ereignis zum Nachdenken. Besonders der verlorene Krieg der bis dahin unbekannten Zivilisation führte bei diesen

Gruppierungen zu der Erkenntnis, dass alle Versuche, die menschliche Gemeinschaft zu beherrschen, in Zukunft wohl zwecklos sein würden. Sie hatten feststellen müssen, dass sich die Menschheit unter dem Schutz friedliebender Zivilisationen befand und alle Versuche, die Menschen zu beherrschen, nur vorübergehend sein konnten.

Uns hat es sehr gefreut, wie viele menschliche Individuen sich bereits an die Lichtfrequenzen des Universums angebunden haben, denn dadurch wurden die friedliebenden außerirdischen Zivilisationen bei der Rettung der Menschheit unterstützt. Sie erhielten eine zusätzliche hoch entwickelte Schwingung. Jedes menschliche Individuum, das sich für Liebe und Licht in seinem Herzen entschieden hatte, erhöhte seine Schwingung um ein Vielfaches und damit auch die Schwingung seines Zuhauses und seiner Umgebung, in der es sich gerade befand. Diese feinstoffliche Schwingung ist ein unverzichtbarer Teil der Lichtrevolution und des Aufstiegs ins Goldene Zeitalter.

Jeder von euch, der sein Herz der Liebe und dem Licht geöffnet hat und weiter öffnet, ist sichtbar und leicht erkennbar für die Lichtwesen, für uns und für alle Wesen, die in Liebe und Licht handeln und leben. Liebe und Licht vermehren sich fortwährend, vervielfachen sich und verbinden sich mit anderen Wesen und lichtvollen Zivilisationen.

Glaubt daran, dass Liebe und Licht sich früher oder später auf eurem gesamten Planeten verbreiten werden. Die menschliche Zivilisation wird geschützt und geliebt.

Friedliebende außerirdische Zivilisationen beschützen die menschliche Gemeinschaft und helfen bei ihrem lichtvollen Aufstieg. Immer wieder tun sie das, nicht nur bei Kriegen, sondern auch wenn andere verheerende Verhältnisse drohen.

Zum Beispiel setzte Mitte der 1960er Jahre des letzten Jahrhunderts der Versuch ein, die Menschheit durch eine große Menge an Skalarwellen dauerhaft zu beeinflussen, um sie zu schwächen. Die Skalarwellen, die durch dunkel denkende Wesen ausgesandt wurden, sind Ende des Jahres 2019 aufgelöst worden. Endlich ist es gelungen, ihre Einwirkung zu beenden! Diese Schwingungen haben immerzu die Psyche und die körperliche Gesundheit des Menschen beeinflusst. Sie wirkten sich negativ auf die Genetik der menschlichen Materie aus. Sie beeinflussten natürliche Prozesse negativ.

Die Skalarwellen, die für schädliche Zwecke missbraucht wurden, konnten die Lichtimpulse verringern, die durch friedliebende Zivilisationen in regelmäßigen Intervallen auf den Planeten geschickt wurden. Sie konnten durch negativ denkende außerirdische Zivilisationen auf jede erdenkliche Emotion programmiert werden. Den hier lebenden negativ ausgerichteten Wesen schadeten diese Wellen nicht, im Gegenteil. Sie nährten sich frequenzmäßig von diesen Schwingungen und diesen negativen Emotionen, von denen das menschliche Wesen gesteuert und beherrscht wurde.

Es ist gelungen, die Schwingung der Skalarwellen endgültig zu stoppen. Wir können bestätigen, dass sie nicht mehr auf den Planeten treffen. Nun kann sich die menschliche Zivilisation in ihrem Tempo entwickeln und mit den reinsten Schwingungen und Informationen der kosmischen göttlichen Lichtstrahlen verbinden.

Die nächsten Jahre werden enorme Prozesse bringen, welche die Menschheit für die Rückkehr zu ihrer Natürlichkeit nutzen kann. Sie befreit sich Schritt für Schritt vom Griff der dunklen Wesen und öffnet sich für die reinsten kosmischen Frequenzen. Mit dem Jahr 2020 bricht eine wahre Lichtrevolution an, in der sich die Menschheit an ihre göttliche Essenz erinnert und von allem befreit, was nicht zu ihr gehört.

Die energetische und physische Besetzung durch dunkle Mächte ist gewichen. Und der ganze Planet wird immer lichtvoller. Vertraut diesen neuen Prozessen und verliert eure Zuversicht nicht. Ihr könnt wieder positiv durchstarten. Die menschliche Zivilisation öffnet sich für eine neue positive Zukunft und neue Möglichkeiten.

Ihr bindet euch an Frequenzen des Friedens in der Welt an, durch die Lichtwesen begleitet. Sie haben die Menschheit schon oft unterstützt, doch jetzt kommen immer mehr menschliche Wesen in ihre Macht, und es hängt mehr denn je von jedem Einzelnen ab, wie er mit seinem Lebensplan und seinem Leben hier auf diesem Planeten verfährt.

Jeder von euch ist wichtig, und jeder von euch ist unentbehrlich. Jeder von euch sollte das wissen!

Verbindet euch mit den positiven Frequenzen der kosmischen Welt so gut und so oft ihr könnt. Durchstrahlt eure Herzen, euren Geist und verbreitet diese Frequenzen weiter.

Jeder von euch ist für diese Welt unverzichtbar!

Jeder von euch gehört zum göttlichen Plan dieses großartigen lichtvollen Aufstiegs.

Frieden mit euch,
Frieden mit uns.

16

Die Voraussetzungen für den Einstieg in die Realität der Neuen Erde

Trennt euch von eurer alten Realität ab und fürchtet euch nicht vor dem Einstieg in die neue Realität. Menschen, die sich ihre neue, positive Realität erschaffen haben, befinden sich in einer gewissen durchsichtigen Lichtkugel oder Lichtsphäre, die ihr Sein und ihr Leben beschützt. Sie bewegt sich mit ihnen und verändert ihr Aussehen und ihre Größe je nachdem, in welcher Situation sie sind oder welchen Menschen sie gerade begegnen. Sie sind sozusagen im geschützten, heiligen Raum ihrer positiven, lichtvollen Realität.

Ein Mensch, der sich in der neuen Realität seines positiven Denkens und Geschehens befindet, ist in seine neue fünfte Bewusstseinsdimension eingetreten. Dadurch ist er aus der Realität der dritten Bewusstseinsstufe ausgestiegen. Nur durch negatives Denken kann der Mensch in die Welt der dritten Bewusstseinsstufe zurückgelangen. Wer sich aber schon längere Zeit in seiner neuen Realität befindet, kann bestätigen, dass die Rückkehr in veraltete Dimensionen ihm nicht mehr gut tut. Und gleichzeitig hat er die Möglichkeit, schneller und leichter in seine neuen, positiven Realitäten zurückzukehren, falls er aus irgendeinem Grund vorübergehend aus ihnen herausfällt.

Die neuen Realitäten der menschlichen Wesen sind einzelne, durchsichtige Lichtwelten, in denen diese menschlichen Wesen leben. Jeder Mensch erschafft sich in seinem Tempo eine neue Realität, und jeder, der die fünfte Bewusstseinsstufe erreicht hat, lebt in seiner wunderschönen lichtvollen Sphäre. Die Hülle dieser Sphäre kann sich in Räume und Zeiten ausdehnen – je nachdem, welche anderen Menschen sich gerade bei diesem Menschen befinden. Wenn etwa auch Familienmitglieder in die fünfte Bewusstseinsdimension aufgestiegen sind, ist das Licht dieses bestimmten Menschen mit den Sphären seiner Familienmitglieder verbunden und zu einem Ganzen verschmolzen. So unterstützen sich die Familienmitglieder gegenseitig und verbreiten ihr Licht auch in anderen Welten anderer menschlicher Wesen. Dadurch fühlt sich der Mensch gestärkt und hat nicht das Bedürfnis, in niedrigere Schwingungen der dreidimensionalen Welt zurückzukehren.

Viele Menschen wechseln nach wie vor zwischen diesen zwei Welten der dritten und fünften Bewusstseinsdimension und haben in der neuen fünften Dimension noch nicht Fuß gefasst. Sie springen praktisch hin und her und haben nicht verstanden, dass ihr reines Denken und damit ihr reines Herz ihnen unendlich helfen können.

Die neuen Dimensionen der fünften Bewusstseinsebene sind nur einen bloßen Gedanken von euch entfernt. Viele Menschen bezeichnen die neue Realität des neuen Denkens als »Neue Erde«. Die Neue Erde steht für jeden von euch bereit. Sie wartet nur auf euren persönlichen Einstieg in die neuen Gedankenwelten. Die absolute Neue Erde entsteht, sobald alle Menschen ihre Lichtfelder des neuen Denkens verbinden und endgültig die »Alte Erde« verlassen. Das geschieht, sobald sie aufhören, immer wieder von der einen Dimension in die andere zu wechseln und sich absolut und mit reinem Herzen in der neuen Dimension verankern. Dann werden sich diese Lichtwelten der menschlichen Wesen zu einem Licht verbinden und die Dimension der »Alten Erde« wird transformiert werden können.

Die Neue Erde ist durch die göttliche Intelligenz schon längst für die menschliche Gemeinschaft vorbereitet worden. Es kommt nur darauf an, wie lange die menschliche Gemeinschaft für den Einstieg in sie brauchen wird.

Wir sind aber überzeugt davon, dass die Gemeinschaft als Ganzes immer besser in die neue Realität der Neuen Erde einsteigen wird. Dabei hat jeder Mensch die Möglichkeit, in seinem Tempo voranzuschreiten. Durch die planetarischen Veränderungen und den Zustrom des kosmischen Lichts wird den menschlichen Wesen geholfen, und jedes menschliche Wesen hat die Möglichkeit, dieses Licht zu nutzen.

Wenn der Gesamteinstieg der menschlichen Gemeinschaft gelungen ist und die Menschheit die alte Welt endgültig verlassen hat, wird die Ära des Goldenen Zeitalters erreicht sein. Schon jetzt befinden sich viele menschliche Wesen in ihrer persönlichen lichtvollen Welt, in ihrem eigenen Goldenen Zeitalter. Sie haben sich mit den goldenen Frequenzen des Kosmos verbunden und das alte Denken verlassen. Viele menschliche Wesen haben verstanden, dass in den höheren Bewusstseinsdimensionen Glück und Liebe in jedem Lichtteilchen enthalten sind. Und dieses Licht tragen sie jetzt ununterbrochen im Herzen. Sie tragen es auch – geschützt in ihrer Realität – in ihrer Lichtsphäre, die in der Lage ist, sich in unterschiedlichste Formen und Größen auszudehnen.

Viele menschliche Wesen, die das veraltete Denken und die veralteten Formen verlassen haben, können bezeugen, dass sie keine gedanklichen und emotionalen »Rückfälle« mehr erleben, wie sie sie früher erlebt haben. Wenn sich Menschen in ihrer neuen Realität befinden, werden sie frequenzmäßig durch stabile Lichtschwingungen getragen, die sie nicht in die alten Welten zurückfallen lassen. Sie haben ihr Bewusstsein erhöht – und damit haben sie auch ihre Stabilität in den neuen höheren Dimensionen erhöht.

Die Stabilität des Lichts der fünften Dimension lässt sie nicht mehr zurückfallen. Im Gegenteil. Diese Stabilität des Lichts erhebt sie in weitere neue, lichtvolle und noch hellere Realitäten und bringt ihnen neue Möglichkeiten. Sie haben verstanden, dass das Licht ihnen Heilung auf allen Ebenen ihres Seins bringt. Sie haben verstanden, dass alles einfacher geht, weil das Universum unendliche Möglichkeiten anbietet.

Das ständige Wechseln zwischen der dritten und der fünften Dimension kostet den Menschen viel Kraft. Entscheidet euch dank eurer positiven Umprogrammierung lieber für die neue Realität. Die Realität der fünften Bewusstseinsdimension.

Euer Licht wird stabiler sein und die Schutzschicht eurer Lichtwelt undurchlässig für jegliche Negativitäten. Sie wird undurchlässig sein für alles, was euch schaden könnte. Zu euch wird nur noch das Positive, Liebevolle und Lichtvolle kommen. Gleichzeitig wird euer Licht in der Lage sein, sich in alle positive, liebevolle und lichtvolle Welten auszudehnen.

In der zurückliegenden Zeit der dritten Bewusstseinsdimension war es notwendig, sich das Licht für die eigene Realität oder für die Energiearbeit vorzustellen, es zu visualisieren, es anzuziehen und sich daran anzubinden. In der fünften Bewusstseinsdimension ist das Licht beim Menschen bereits vorhanden. Es ist nicht mehr notwendig, es sich vorzustellen, es ist nicht mehr notwendig, es zu visualisieren. Das Licht IST beim Menschen und in seinem ganzen System! Es existiert hier! Das Licht befindet sich in seiner Realität!

Es ist »nur« notwendig, gedanklich in diese neue positive Welt umzusteigen und sich durch den Umstieg mit dem Licht dieser Welt zu verbinden. Nicht mehr und nicht weniger.

Ein wichtiger Schritt, den der Mensch für seine neue Realität machen sollte, besteht allerdings darin, aufzuhören, schlecht über andere zu denken. Das hält ihn in der Realität eines verurteilenden Menschen fest und damit in der dritten Bewusstseinsdimension. Ein Mensch, der verurteilt, ist nicht fähig, sich schwingungsmäßig von dem Verurteilten abzutrennen oder ihn loszuwerden. Er befindet sich in dessen Realität, und dadurch geht es beiden nicht gut. Sie sind durch die Frequenz ihrer Gedankenmuster miteinander verbunden, und das hält sie schon fast in den niedrigeren Sphären der alten Welt der Alten Erde gefangen. Außerdem binden diese Schwingungen sie noch an weitere Menschen an, die verurteilen. Sie verbinden sich mit einem riesigen Feld der Verurteilung.

Befreit euch von diesen Feldern und von Gedanken, die nicht zu euch gehören. Erinnert euch bei jedem Gedanken, der andere verurteilt, an die Schönheit der Akzeptanz, die euch zu eurer persönlichen Freiheit verhilft. Akzeptanz befreit euch, sie trennt euch« von Feldern von Menschen ab, die ihr bisher verurteilt habt. Sie lässt euch heilen, und sie lässt andere heilen. Akzeptanz neutralisiert ungesunde Verbindungen zu Menschen, die ihr bisher verurteilt habt, und sie bringt euch dem kosmischen **Schlüssel 21** näher. Der Freiheit! Der Freiheit eures Geistes und der Freiheit eures energetischen Systems. Sie bringt euch der Unabhängigkeit der Gedanken und der Reinheit des Herzens näher.

Immer dann, wenn ihr euch selbst beim Verurteilen ertappt, sprecht drei Mal hintereinander das Wort »Akzeptanz« laut aus. Nach dem Wort »Akzeptanz« sprecht drei Mal hintereinander das Wort »Freiheit« laut aus.

Segnet den betreffenden Menschen, segnet euch selbst.

Macht euch bewusst, dass jeder Mensch auf diesen Planeten gekommen ist, um seine Angelegenheiten zu verarbeiten, und dass jeder Mensch eine andere Entwicklung hinter und vor sich hat. Mit eurer Verurteilung helft ihr dem betreffenden Menschen nicht. Im Gegenteil. Ihr schadet auch euch selbst und wechselt wieder in die dritte Bewusstseinsdimension, in der sich Menschen befinden, die verurteilen. Entscheidet euch dafür, nicht mehr zu diesen Menschen zu gehören.

Wenn ihr in die fünfte Bewusstseinsdimension aufsteigt, stellt ihr fest, dass ihr Menschen begegnet, die eine reine Seele haben. Begegnet ihr in eurer jetzigen Realität Menschen, die verurteilen oder negativ sind, dann befindet ihr euch noch nicht in der neuen Realität der fünften Bewusstseinsstufe. Etwas oder jemand hält euch in der dritten Bewusstseinsdimension fest. Verzweifelt aber nicht, sondern versucht vielmehr, diese Situation zu ändern. Jeder positive Gedanke bringt euch den neuen positiven Dimensionen näher. Euer Wachstum ist ein Prozess, und jeder Augenblick, in dem ihr euch in der fünften Bewusstseinsdimension befunden habt, hat euch gestärkt und euch auf eure Freiheit vorbereitet. Eure Absicht, die dritte Bewusstseinsebene endgültig zu verlassen, hilft euch bei eurem Aufstieg. Die fünfte Bewusstseinsstufe der Neuen Erde befindet sich gleich nebenan!

Frieden mit euch,
Frieden mit uns.

17

Euer Körper hat die Fähigkeit zur absoluten Regeneration

Die menschliche Gesellschaft entwickelt sich in eine positive Richtung. Dazu gehört aber auch, dass man jegliche Veränderungen als positives Phänomen sehen sollte.

Viele Menschen verzweifeln an ihrem Schicksal und denken nicht darüber nach, dass sie ihr irdisches Leben zum größten Teil selbst negativ beeinflussen. Durch ihre negativen Gedanken binden sie sich an die kollektiven negativen Gedanken an und gelangen dadurch in eine abwärts führende Spirale, die sie tiefer und immer tiefer zieht.

Viele menschliche Individuen begegnen in dieser Zeit einer Krankheit, welche die menschliche Gesellschaft Krebs nennt. Krebs erzeugt in den Menschen große Angst und bindet sie mit ihrer bösartigen, zerstörerischen Kraft an die Felder leidender und verstorbener menschlicher Individuen und an die Felder menschlicher Individuen, die mit dieser Krankheit negative Erfahrungen gemacht haben. Allein das Wort bringt schon viele zur Verzweiflung und löst Panik in ihnen aus. Das Wort »Krebs« ist durch seine destruktive Kraft in den Menschen einkodiert und zerstört ihren Elan für die Zukunft.

In dieser Zeit erkrankt daran eine größere Anzahl an Menschen und Tieren als in vergangenen Zeiten. Die häufigsten Ursachen sind folgende Befindlichkeiten des Körpers:

- durch Elektrosmog energetisch geschwächt und zerstört
- durch unverarbeitete karmische Angelegenheiten belastet
- durch Gifte und Schadstoffe belastet
- ein übersäuerter Körper
- und ebenso chronische Entzündungen.

In vielen Fällen spielt eine Mischung der Faktoren eine Rolle.

Glaubt bitte daran, dass es bei dieser Erkrankung meistens sehr wohl möglich ist, dem Menschen zu helfen.

Krebs ist absolut kein Todesurteil!

Die Gewächse, die im Körper entstehen, möchten dem Menschen helfen. Sie nehmen Schadstoffe und Gifte aus dem Körper in sich auf, und gleichzeitig speichern sie die Emotionen des Menschen, die zu dieser Krankheit geführt haben.

Hört bitte auf, Krebs mit diesem Wort zu bezeichnen. Hört bitte auf, Tumore Tumore zu nennen. Gebt ihnen einen anderen Namen. Schließlich sind die Wörter »Krebs« und »Tumor« im Unterbewusstsein des Menschen fest mit der Frequenz des Todes verbunden!

Falls ihr in eine Lebensphase eintretet, die euch zu einer solchen Situation führt, falls euch so etwas widerfahren sollte, trennt euch augenblicklich vom Feld des Krebses, der Tumore und des Todes ab. Informiert in eurem Umfeld so wenige Menschen wie möglich über die Erkankung, weil euch die Menschen ständig und unbewusst mit der Frequenz des Krebses, der Tumore und des Todes in Verbindung bringen werden.

Die erkrankte Stelle in eurem Körper möchte euch etwas mitteilen. Sie möchte euch darauf aufmerksam machen, dass es notwendig ist, schnellstmöglich etwas zu ändern. Sie schickt euch damit einen Hilferuf. Lasst euch durch die Menschen in eurem Umfeld nicht zu Panik verleiten, sondern bleibt besonnen und stark und in eurer Mitte.

Legt eure Hände auf die erkrankte Stelle, verbindet euch gedanklich mit dieser Stelle und fragt, was sie sich wünscht, warum sie entstanden ist und was ihr für sie tun könnt. Schickt ihr die unendliche Liebe des unendlichen Universums und verbindet sie mit dieser Liebe.

In dieser Zeit sind viele Menschen aus nicht verarbeiteten karmischen Gründen erkrankt, und viele werden wohl noch erkranken. Eure menschlichen Körper werden nämlich derzeit schwingungsmäßig und lichtvoll feinstofflicher.

Karmische Angelegenheiten können aber nicht in die Neue Zeit des Goldenen Zeitalters mitgenommen werden.

Bei vielen Menschen tauchen jetzt karmische Angelegenheiten auf, von denen sie keine Ahnung hatten. Momentan öffnen sich Dimensionen, welche sehr alte Angelegenheiten beinhalten, die mit Licht und Verständnis gereinigt werden wollen.

Sehr oft greifen Menschen zu den verschiedensten chemischen Mitteln, um eine Linderung ihrer Krankheit herbeizuführen, dabei würde Verständnis und das Herausfinden ihrer energetischen, karmischen Ursache ihnen sogar vollkommene Heilung bringen. Häufig genügt allein schon ein umfassendes Verstehen, warum es überhaupt zu dieser Situation gekommen ist, und die entsprechende Frequenz reinigt mit ihrem Licht diese bestimmte Dimension, die sich geöffnet und im Körper manifestiert hat.

Sprecht mit der Stelle. Fragt nach der Ursache. Fragt auch danach, was ihr für eure Heilung tun könnt. Vergebt allen Menschen, Wesen und Seelen, die euch verletzt haben. Bittet auch alle Menschen, Wesen und Seelen, die ihr verletzt habt, um Vergebung. Vergebt euch selbst. Trennt euch von allen negativen Gedanken, Emotionen und negativen Menschen ab, zumindest energetisch. Reinigt energetisch alle geistigen Komponenten, die zu euch gehören. Segnet euch selbst, segnet die anderen, segnet eure Umgebung.

Eure Umprogrammierung auf das Positive im tiefsten und reinsten Verstehen eurer selbst kann euch eure Gesundheit zurückholen.

Vielleicht wird unsere Mitteilung, dass der Großteil der karmischen Krebserkrankungen in dieser Zeit keine ernste oder aggressive Form haben muss, eine Erleichterung für euch sein. Die erkrankte Stelle zeigt eine Abweichung von der göttlichen Norm an, die für Körper, Geist und Seele vorgesehen ist. Eine, beide oder alle drei Komponenten sind von ihrer Norm abgewichen und aus dem Gleichgewicht geraten.

Meditation, Ruhe und Entspannung bringen euch das innere Gleichgewicht zurück. Bei der Meditation haben diese drei Komponenten die Möglichkeit, miteinander in Kontakt zu treten, untereinander zu kommunizieren, sich gegenseitig Informationen und Heilfrequenzen zu übertragen. Schenkt ihnen Ruhe und Zeit für den Austausch von Impulsen.

Diese Krankheitsform wird sich in nächster Zeit leider wohl noch weiter verbreiten als bisher. Man könnte sie als eine neuzeitliche Volkskrankheit bezeichnen.

Positiv daran ist aber, dass sie sich aus dem menschlichen System auch wieder entfernen kann, es besser zurücklassen kann, als das menschliche System war, bevor sie kam, als hätte es sich bloß um eine Grippe gehandelt. Nur die Dauer ist länger. Aber euer Verständnis und eure Wahrnehmung dieser Krankheit als Aufruf, als Hilferuf, als Bitte eures Körpers, ihm endlich beizustehen, sind unerlässlich. Dann könnt ihr euch heilen.

Gebt eurem Körper, eurem Geist und eurer Seele eine gewisse Zeit, bevor ihr euch für andere, überstürzte Schritte chemischer Art entscheidet, die eurem Körper noch mehr schaden können. Ergreift Maßnahmen, die euren Körper nicht schwächen, sondern stärken, indem ihr Dinge tut oder unterlasst, damit es ihm besser geht.

Euer Körper würde nie etwas tun, was euch schadet. Er ist nur kraftlos geworden und kann euch nicht mehr schützen. Gebt ihm seine Kraft zurück, indem ihr für ihn da seid!

Denkt an unsere Worte und versucht euch zunächst an eure göttliche Größe zu erinnern. Versucht euch daran zu erinnern, dass keine negative Energie die Macht hat, über die Gesundheit eures Körpers zu entscheiden.

Erinnert euch an eure Essenz und daran, dass euer Körper sehr intelligent ist und die Fähigkeit zur absoluten Regeneration hat, sofern ihr es zulasst.

Erinnert euch an die Tatsache, dass ihr allein und keiner sonst über eure Gesundheit und euer Schicksal bestimmt. Programmiert eure Gedanken und eure Emotionen auf das Positive um, und eure Zellen werden dieses Positive übernehmen.

Erinnert euch, dass euer Körper, eure Seele und euer Geist absolut mit der göttlichen Intelligenz verbunden sind und jederzeit die Möglichkeit haben, mit ihr zu kommunizieren und sich von der göttlichen Heilfrequenz heilen zu lassen.

Erinnert euch, dass euer reines Herz und ein reiner Geist ohne Vorurteile und Verurteilungen euch an alle positiven Frequenzen des Universums vollkommen anbinden. Und diese positiven Frequenzen bringen euch Heilung.

Eine solche Erkrankung muss nicht euer Todesurteil sein! Sie ist ein Aufruf, sich auf das Positive zu programmieren und gewisse Schritte zur Veränderung des bisherigen Lebens und der bisherigen Ansichten zu tun.

Erinnert euch an eure Göttlichkeit in eurem menschlichen Körper und erinnert euch daran, dass ihr nicht von der göttlichen Norm getrennt sein. Ihr seid nicht von Vollkommenheit, Liebe und Energie getrennt. Im Gegenteil! Euer reines Herz verbindet euch damit absolut! Reinigt euch jeden Tag mit dem Licht der göttlichen kosmischen Liebe und stellt Kontakt zu euren Lichtbegleitern her. Glaubt daran, dass ihr nicht allein seid und euch in jeder Situation geholfen werden kann. Dank eurer Lichtbegleiter seid ihr mit allem Positiven verbunden, und euer persönliches Licht wird immer intensiver und klarer.

Verbindet euch mit Mutter Erde und bittet um eure Heilung. Die Kraft der Natur ist mächtig. Fühlt und nehmt wahr, dass ihr ein unverzichtbarer Teil des großen Ganzen seid. Dieses vollkommenen kosmischen Ganzen.

Nach eben solcher Vollkommenheit des Ganzen streben eure Seele, euer Geist und euer Körper.

Eure Vollkommenheit kommt Schritt für Schritt zu euch. Sie kommt in Form von Veränderungen zu euch. Begrüßt alle Veränderungen in eurem Leben. Alle Veränderungen bringen eine positive Entwicklung.

Frieden mit euch,
Frieden mit uns.

Anmerkung der Autorin

Für deine allgemeine Reinigung, nicht nur die Reinigung von Krankheiten, kannst du die von den plejadischen Wesen mitgeteilte und energetisch aufgeladene Affirmation verwenden, die im folgenden Kapitel vorgestellt wird.

18

Eine wichtige Affirmation zur Heilung von Körper, Seele und Geist

Pavlina sagt: Mit dieser Affirmation sprichst du alle deine Körpersysteme, Räume und Zeiten an, die du für deine Heilung benötigst. Du sprichst damit Seelenteile an, die sich gerade in anderen Räumen und Zeiten deiner Existenz befinden, denn deine Seele ist multidimensional und Bestandteile von ihr existieren in Menschen, die sich in anderen Gegenden dieser Erde befinden, im menschlichen Himmel oder auf anderen Planeten.

Die Plejader haben mir oft mitgeteilt, dass unsere Seele aus vierundsechzig Hauptteilen besteht. Das bedeutet, du bist einer ihrer Teile und die anderen dreiundsechzig befinden sich in anderen Menschen oder Räumen und Zeiten. Dein Höheres Ich ist für alle vierundsechzig Hauptteile deiner Seele verantwortlich und für sie zuständig.

Alle Teile deiner Seele beeinflussen sich gegenseitig, über jede Entfernung hinweg. Durch deine Heilung in deiner Zeit und in deinem Raum hilfst du den anderen Teilen deiner Seele und demnach der Heilung deiner gesamten Existenz.

Affirmation

»Ich erlaube jetzt und in diesem
Raum meinem Höheren Ich und allen Lichtwesen, die mir helfen können, meinen Körper,
meinen Geist, meine Seele und alle ihre Teile,
die zu meiner gesamten Existenz gehören, zu heilen.

Ich entledige mich hiermit energetisch aller negativen Elemente und Wesen, die mir auf irgendeine Weise schaden oder
mich negativ beeinflussen und manipulieren.

Ich bitte alle Lichtwesen, die mir helfen können, um absolute energetische Reinigung meines Körpers, meines Geistes,
meiner Seele und aller ihrer Teile, die zu meiner gesamten
Existenz gehören.

Ich bitte um energetische Reinigung in allen Zeiten, Räumen,
Dimensionen, Zwischendimensionen und in allen meiner gesamten Existenz angehörenden Linien.

Ich bitte um absolute Reinigung aller negativen Programme
und Belastungen mit allen existierenden energetischen Abdrücken, Duplikaten, Sicherheitskopien und einkodierten Programmen, mit allen sich wiederholenden Programmen in allen
Räumen und Zeiten, Dimensionen, Zwischendimensionen und
in allen Ahnenlinien meiner gesamten Existenz.

Ich bitte um absolute Reinigung der Matrix meiner Seele.

Ich vergebe allen, die mich verletzt haben. Ich vergebe in
allen Räumen und Zeiten meiner gesamten Existenz. Vergebt
auch ihr, die ich euch verletzt habe, mir. Ich vergebe mir selbst.
Meine Vergebung befreit uns alle. In allen Räumen und Zeiten
unserer gemeinsamen Realität und unserer gesamten gemeinsamen Existenz.

Ich segne mich auf allen Ebenen meines Seins.

Ich segne alle Menschen, Wesen und Seelen, die mich in meiner Existenz begleitet haben, die mich durch meine Existenz begleiten und die mich durch meine Existenz begleiten werden. Ich lasse nur und ausdrücklich Frequenzen des Positiven, der Liebe und des Lichts zu mir. Negative oder für mich schädliche Frequenzen haben keinen Zugang zu mir.

Ich entscheide mich jetzt und in diesem Raum für die absolute Gesundheit meines Körpers, meines Geistes, meiner Seele und all ihrer Teile, die zu meiner gesamten Existenz gehören.

Meine Heilung geschieht jetzt und in diesem Raum.

Ich bin absolut an die Frequenz des Positiven, der Liebe und des Lichts angebunden. Mein Herz verbindet mich mit allen Heilfrequenzen des Universums. Ich bin absolut an die positive und heilende Kraft der Erde angebunden.

Ich bitte alle Lichtwesen, die mir helfen können, um absoluten Schutz meines Körpers, meines Geistes und meiner Seele In Dankbarkeit empfange ich den Schutz, die energetische Reinigung und Heilung. Ich bin geschützt, ich bin rein, ich bin geheilt, ich bin gesegnet, ich bin geerdet.

Danke. Danke. Danke. Frieden. Frieden. Frieden.«

Du kannst diese Affirmation so oft verwenden, wie du Bedarf hast. Wenn du wenig Kraft hast, oder dich negativ beeinflusst fühlst, sprich diese Affirmation laut aus, mit starker Absicht. Dabei kannst du eine Kerze anzünden, wodurch du für die Lichtwesen sichtbarer wirst. Die Kraft deiner Absicht kannst du zusätzlich noch dadurch erhöhen, dass du Kristalle für die Anhebung deiner lichtvollen Schwingung verwendest. Deine Absicht trennt dich von allem Negativen ab und eröffnet dir die Tore zur Heilung.

Frieden mit euch, Frieden mit uns.

19

Viren im menschlichen Körper und die Bedeutung des Kreises und der kosmischen Chakren

Der menschliche Körper durchläuft derzeit enorme Veränderungen, die in Zukunft zu seiner Vollkommenheit und Langlebigkeit führen werden. Bis zu seiner Vollkommenheit und Langlebigkeit sind aber erst noch gewisse Schritte erforderlich, die der menschliche Geist unternehmen muss.

Momentan befindet sich der menschliche Körper in der Phase der Regeneration. Veraltete und belastende Informationen, welche die Zellen des menschlichen Körpers in der Vergangenheit gespeichert haben, verlassen ihn, und es verlassen ihn auch Informationen, die der menschliche Geist nicht mehr braucht. Ganze Regionen von Körpersystemen durchlichten sich und verbinden sich mit ihrer göttlichen Urschwingung und Urinformation. Gleichzeitig wird jedes Körperorgan des menschlichen Organismus an die planetarischen Gesetzmäßigkeiten und die Schwingungen der umgebenden Planeten eures Planetensystems und eurer Galaxis angebunden. Das ganze körperliche und energetische System des Menschen bindet sich wieder an seine Urfrequenzen an und wird dadurch immer mehr eins mit eurer Heimatgalaxis. Der menschliche Körper regeneriert sich, und dieser Prozess der Regeneration kostet ihn sehr viel Kraft.

Eine gesunde und positive menschliche Psyche spielt bei der optimalen Entwicklung und dem Prozess der Körperregeneration eine sehr große Rolle.

Deshalb ist es jetzt mehr als jemals zuvor wichtig, den Geist in einer guten Verfassung zu halten, damit der Körper in seine Vollkommenheit und Langlebigkeit zurückkehren kann. Es ist mehr als jemals zuvor wichtig, in die Natur zu gehen und den Körper gesund zu ernähren. Der menschliche Körper braucht derzeit eine verstärkte Anzahl an Vitaminen und Mineralstoffen. Später wird er die zur absoluten Anbindung an die kosmischen Frequenzen benötigten Substanzen und Stoffe aus der lichtvollen kosmischen Energie schöpfen, in der alles enthalten ist, was das menschliche Wesen braucht.

Wir möchten euch hier ein paar Informationen übergeben, wie ihr eurem Körper in Bezug auf die Viren helfen könnt, welche die menschliche Zivilisation so stark belasten.

Durch dunkle Mächte und Wesenheiten wurde eine Unzahl von künstlich geschaffenen Viren in der menschlichen Gesellschaft ausgestreut, damit euer Körper nicht zu seinem gesunden und optimalen Zustand zurückkehren kann, damit er krank ist und der Mensch chemische Präparate von pharmazeutischen Firmen einnimmt, die Gewinne mit kranken menschlichen Körpern erzielen. Diese unfassbare Menge künstlich geschaffener und mutierter Viren gewann die Oberhand über den gesunden menschlichen Körper und gefährdet seitdem die Gesundheit des menschlichen Organismus und der menschlichen Psyche. Die Abwehrkräfte des menschlichen Körpers werden durch die häufige Einnahme antibiotischer und chemischer Präparate geschwächt, und auch in der Nahrung und in der Luft enthaltene chemische Stoffe haben die

Gesamtstabilität des menschlichen körperlichen und energetischen Systems ins Wanken gebracht.

Viren und Krankheitserreger, etwa Krankenhauskeime, haben im menschlichen Körper schon eine solche Resistenz aufgebaut, dass es oftmals sehr schwierig ist, ein geeignetes Präparat zu finden, das dem Körper wirklich hilft.

Viren gefährden damit die aktuelle Entwicklung der Menschheit. Wir möchten euch deshalb jetzt ein geometrisches Zeichen übergeben, das euch im Falle eines Virenbefalls helfen kann. Natürlich dient dieses Zeichen nur als Unterstützung und ist kein Allheilmittel, aber es hilft euren Zellen und eurem Körpersystem, Schadstoffe zu erkennen, die nicht in das System gehören. Eure Zellen, Körpersysteme und Organe werden die Information dieses Zeichens empfangen und schädliche Viren und Krankheitserreger ausscheiden.

Ein Schutzsymbol gegen Viren

Du kannst dieses Zeichen auf Wasser übertragen. Stelle dazu einfach ein Glas Wasser für mindestens drei Minuten auf dieses Symbol und trinke das Wasser danach über den Tag verteilt schluckweise. Du kannst das Symbol auch auf ein hinreichend großes Stück Papier zeichnen und dich darauf stellen. Für maximal drei Minuten.

Bei der Arbeit mit diesem Zeichen ist es immer sinnvoll, möglichst viel Wasser zu trinken und dem Körper bei der Entgiftung zu helfen, zum Beispiel durch Einnahme von Heilerde, Spirulina, OPC, das Trinken von reinigendem Tee, durch Kräuter, Bäder oder durch eigene Entgiftungsverfahren, die dir guttun.

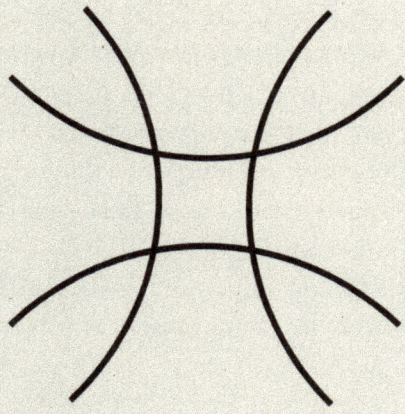

Dieses Zeichen setzt sich aus Halbkreisen zusammen, nicht aus Kreisen. Das ergibt für euren Körper sehr viel Sinn.

In eurem Körper, dem physischen wie energetischen, befinden sich nur abgeschlossene Systeme. Materielle und feinstoffliche, angefangen bei den Atomen, Molekülen und Zellen. Diese Atome, Moleküle und Zellen sind in sich als geschlossene Kreissysteme aufgebaut. Gleichzeitig bilden auch die feinstofflichen energetischen Systeme eurer Organe und Körpersysteme geschlossene Kreissysteme. Euer Körper ist ein vollkommenes System von Kreissystemen, selbst eure Aura hat eine Kreisform.

Die Viren, die sich auf unnatürliche Weise in eurem Organismus befinden, bilden zusammen niemals kreisförmige Verbindungen. Sie befinden sich einzeln in eurem Körper, befallen eure Organe oder verbreiten sich dank des Blutkreislaufs überall hin. Dadurch, dass sie keine kreisförmigen Umläufe erzeugen, gehören sie nicht in die göttliche Ordnung eures Körpers, und dank dieses Symbols haben eure Systeme die Möglichkeit, die Krankheitserreger aus ihren vollkommenen Kreissystemen auszuscheiden.

Alles besteht aus Kreisen, die Planetensysteme eurer Galaxis und des gesamten unendlichen Universums bestehen aus vollkommenen Kreisen. Aus physischen wie feinstofflichen Kreisen. Euer System erhält durch dieses Symbol sogar die Möglichkeit, sich wieder an die ihm zugehörige Schwingung der anderen Planeten eures Sonnensystems anzubinden, das seinerseits kreisförmige Umläufe hervorbringt.

Künstlich geschaffene mutierte Viren passen nicht in diese Ordnung. Sie stören diese Harmonie.

In eurer nahen Zukunft werden sich eure Organe verstärkt mit der Schwingung der Planeten zwischen den Sternen verbinden. Sie werden sich an ihre Göttlichkeit, Vollkommenheit und Ganzheit erinnern. Durch die Anbindung an die Planeten des Sonnensystems und andere, ferne Sterne wird das System des Menschen wieder vollständig. Es wird an die Kreissysteme des planetarischen Systems eurer Galaxis angebunden.

Eure Galaxis enthält energetische Chakren, welche die Energiekörper aller auf dem Planeten Erde lebenden Wesen nähren. Man könnte euren Körper mit einem Mikrokosmos vergleichen, der sich in einem Makrokosmos befindet. Damit entspricht er dem Aufbau eurer Galaxis, die selbst ein Mikrokosmos innerhalb eines Makrokosmos ist.

Eure Galaxis bietet euch unendliche Möglichkeiten an, denn jedes ihrer energetischen, ihrer kosmischen Chakren beinhaltet alle Informationen und Schwingungen, die für die Heilung des menschlichen Systems notwendig sind.

Diese im Äther der Galaxis befindlichen kosmischen Chakren haben genau dieselben Farbnuancen wie die Chakren des menschlichen Körpers. Es gibt in eurer Galaxis eine unerschöpfliche Menge an kosmischen Chakren, die mit weiteren Planeten und Wesen in eurer Galaxis verbunden sind.

Der Mensch ist mit seinen Chakren an die kosmischen Chakren angebunden. Wenn wir aus unserer Sicht auf euch blicken, sehen wir, dass eure Energiesysteme feinstoffliche Kreisformen erzeugen. Ihr seid durch eure Chakren über die kosmischen Chakren mit wunderschönen feinstofflichen Kreissystemen verbunden. Sie nähren euch energetisch und verbinden euch mit der positiven, majestätischen Kraft der Galaxis.

Durch euren Aufstieg ins Goldene Zeitalter nähert ihr euch mehr und mehr den feinstofflichen Frequenzen der Galaxis an, die euch Harmonie und gleichzeitig eine feste und liebevolle Verbindung und Zusammengehörigkeit bringen.

Deshalb legen wir euch ans Herz, eure Chakren zu reinigen und damit auch die Themen, die eure Chakren immer noch belasten. Nach der Reinigung eurer Chakren werden eure Organe dann vollkommen an die heilende und mächtige Kraft der umgebenden Planeten angebunden sein. Die Kreissysteme, die euch mit den kosmischen Lichtern eurer Galaxis verbinden, werden geschlossen und euer System vollends an die Kreissysteme der göttlichen Ordnung angebunden sein. Ihr werdet nicht länger von der göttlichen Ordnung abgetrennt sein. Ihr werdet mit ihr verbunden sein. Und euer System wird ganz sein.

Es werden keine Risse mehr darin vorkommen oder Stellen, die nicht von kosmischer Energie genährt wären. Aber eure energetisch reinen Chakren sind die Grundlage für die absolute und optimale Verbindung mit eurer Galaxis und weiteren Systemen eurer Galaxis. Eure energetisch reinen Chakren verbinden euch mit der göttlichen Ordnung.

Vielleicht könnt ihr die ganz einfache Zeichnung, die wir euch für den Fall eines Virenbefalls übermittelt haben, jetzt besser verstehen. Ein gesunder menschlicher Organismus und sein System, das mit den feinstofflichen Systemen der Galaxis und der Erde verbunden ist, bietet Viren, die nur einzeln oder lokal im Körper vorkommen, keinen Platz. Das ganze System des Menschen ist nämlich aus harmonisch fließenden Schwingungskreisen geschaffen.

Dieses Zeichen lässt das System des Menschen auf ganz und gar natürliche Weise erkennen, was nicht in den gesunden, natürlichen Kreislauf gehört.

Frieden mit euch,
Frieden mit uns.

20

Abschließende Worte
der Plejader

Wir, die Plejader, bewundern jeden von euch! Jeden, der sich entschlossen hat, Schritte in die positive Zukunft zu tun, und jeden, der sich entschlossen hat, sein Denken und Bewusstsein zu verändern. Wir wissen, dass die Schritte, die ihr auf diesem Planeten tun könnt, euch gering erscheinen, aber wir wissen, dass bei eurer Entwicklung Ausdauer, Vertrauen und Geduld das Wichtigste sind.

Bestimmt hätte sich niemand von euch noch vor wenigen Jahren vorstellen können, dass die »große Lichtrevolution« auf dieser Erde so schnell voranschreiten würde. Vielleicht konnten sich nur die wenigsten von euch vorstellen, dass sie diese lichtvolle Revolution überhaupt noch am eigenen Leib erfahren würden.

Wir wissen, dass eure Schritte nicht immer groß sein können, aber wir bewundern, dass ihr schon eine unzählige Anzahl an Schritten getan habt, um euch der positiven Zukunft anzunähern. Jeder Schritt bringt euch ein Stückchen weiter. Jeder Schritt eures Lebens bringt euch neue Erfahrungen und erweitert euren Horizont.

Ohne eure Erfahrungen könntet ihr diesen Weg, den ihr gerade geht, nicht beschreiten. Eure Erfahrungen stärken euren Geist, und euer Geist kann sich in dieser Zeit besser und schneller orientieren. Jeder Schritt hat euch ein Stückchen weiter gebracht. Ein Stückchen, das in dieser Inkarnation möglicherweise eine entscheidende Rolle spielt.

Jeder einzelne Schritt hat euch weitergebracht und bereichert. Wenn ihr jetzt zurückschaut und vergleicht, was für ein Leben ihr früher geführt habt und welche Möglichkeiten sich euch jetzt eröffnen, seid ihr sicher glücklich, dass ihr genau in diese Zeit inkarniert seid und euch verstärkt entwickeln könnt.

So wollte es eure Seele.

So hat sie es sich gewünscht … so viele Schritte wie möglich in dieser Inkarnation zu machen und aus den erlebten Situationen eine Unmenge an Erfahrungen zu beziehen.

Viele von euch haben sich nach ihrer Ankunft auf dieser Erde sehr einsam gefühlt. Sie haben sich verloren gefühlt in der dunklen Realität, in die sie sich inkarniert haben. Aber viele von euch haben in dieser Zeit auch Personen ausgemacht, die ähnlich strahlen wie sie selbst und euch mit ihrem Licht und ihrer Liebe durch diese Inkarnation begleiten.

Viele von euch haben erkannt, dass diese Inkarnation im Kollektiv oder einfach in Verbindung mit liebevollen Personen leichter fällt und es euch durch eure gegenseitige Verbindung gelingt, eure Horizonte zu erweitern.

Wenn ihr erneut auf diesen Planeten inkarniert (sofern ihr euch dafür entscheidet), werdet ihr auf angenehme Weise feststellen können, dass die Erfahrungen, die ihr in dieser Inkarnation gesammelt habt, automatisch mit euch auf den Planeten kommen. Ihr werdet glücklich sein, dass eure Seele und euer Geist sich die Erfahrungen – hinsichtlich des Lebens sowie spiritueller Erfahrungen – gemerkt haben und ihr bei eurem nächsten Besuch hier auf der Erde daraus schöpfen könnt.

Die Bewusstseinsfelder, die euch in früheren Zeiten durch dunkle Mächte genommen wurden, bleiben euch dann erhalten. Schließlich gehören sie zu euch, und ihr habt sie euch mit eurem Fleiß und mit euren Schritten hier auf der Erde selbst erschaffen!

Jede Seele, die in nächster Zeit auf der Erde inkarniert, wird die Möglichkeit und das Recht haben zu entscheiden, wie viele Bewusstseinsfelder sie auf die Erde mitbringt.

Die Mehrheit der Seelen, die das hier lesen, und wir denken, dass auch du dazu gehörst, wird sich für die volle Kapazität ihrer Bewusstseinsfelder entscheiden. Die Mehrheit der Seelen wird eine eindeutige Wahl treffen, in welcher Zeit ihres irdischen Lebens sie ihre Erfahrungen nutzen will und an welche Felder sie sich anbindet. Jede Seele wird die freie Wahl haben und nicht mehr im Dunkeln ihrer Realität herumtappen, wie es bis zu dieser Zeit und in der Zeit vergangener Inkarnationen war.

Mit eurem absoluten Aufstieg in die fünfte Bewusstseinsebene verändert sich auch die Bewusstseinsebene eurer irdischen und himmlischen Dimensionen, und andere menschliche Seelen werden von dieser Entwicklung profitieren können.

Die göttliche Intelligenz möchte allen menschlichen Seelen helfen, die sich in nächster Zeit für eine Inkarnation auf der Erde entscheiden. Sie hat sich entschlossen, ihnen einen leichteren Einstieg in die irdischen Ebenen zu ermöglichen.

Seelen, die sich in ihrem letzten Leben nicht dazu entschieden haben, spirituell zu wachsen, gibt die göttliche Intelligenz die Möglichkeit verstärkter Impulse für die Erinnerung, damit auch diese Seelen in so kurzer Zeit wie möglich Schritt für Schritt in höhere Bewusstseinsdimensionen aufsteigen können. Der göttlichen Intelligenz ist nämlich bewusst, dass viele menschliche Seelen, die sich vor ihrem Tod nicht spirituell entwickelt haben, sehr häufig von dunklen Mächten beeinflusst waren und ihnen ihre persönliche Entwicklung nicht möglich war. Das ist nun vorbei.

Die göttliche Intelligenz möchte der menschlichen Gemeinschaft als Ganzes helfen. Denn ohne Verständnis und das Erkennen des gesamten Potenzials der menschlichen Gemeinschaft hätte eure Lichtrevolution keinen großen Sinn. Es geht *immer* um das große Ganze, um das Kollektiv, um das Gesamtgeschehen. So will es das Licht.

Eines beeinflusst das andere und alle Teilchen, Elemente und Frequenzen beeinflussen sich gegenseitig.

Deshalb wird den menschlichen Seelen, die sich nicht entwickelt haben, auf geeignete und angemessene Weise geholfen. Euch wird durch die Lichtwelt geholfen, indem geeignete Informationen, die ihr für euer Wachstum benötigt, im richtigen Augenblick zu euch kommen.

Ihr werdet bestätigen können, dass es sich dadurch hier auf der Erde besser lebt, und zweifellos macht es auch eure nächste Inkarnation um einiges einfacher.

Die spirituelle Bildung, die ihr gerade erfahrt, wird euch nicht nur in dieser Inkarnation helfen, sondern auch in den nächsten Inkarnationen auf dem Planeten Erde. Euer erhöhtes Bewusstsein wird sich weiter erhöhen und mit weiteren wunderschönen erhöhten Frequenzen verschmelzen.

Wir erwähnen das, weil viele entwickelte menschliche Seelen sich entschieden haben, möglichst schnell wieder zu inkarnieren. Sie möchten ihr gesammeltes Wissen so bald es geht hier auf der Erde anwenden und damit anderen menschlichen Wesen helfen können. Aber manche Seelen haben sich auch entschieden, sich nach ihrer anspruchsvollen Inkarnation auf der Erde zunächst einmal auszuruhen und erst nach einer gewissen Zeit wieder auf den Planeten Erde hinabzusteigen.

Und dann gibt es noch eine weitere Gruppe menschlicher Seelen. Sie wird inkarniert bleiben und den auf der Erde lebenden Menschen verstärkt helfen, damit der Aufstieg ins Goldene Zeitalter unter optimalen Umständen erfolgen kann.

Jedes menschliche Wesen und jede menschliche Seele gehört zum göttlichen Plan dieses kolossalen Aufstiegs. Jedes menschliche Wesen, jede menschliche Seele.

Genau so, wie du zu diesem Plan gehörst. Die plejadische Zivilisation zollt dir dafür große Bewunderung ... für deinen Fleiß, deinen Mut und deine Ausdauer. Lasse dich von deinem Weg nicht abbringen. Lasse deine Ideale nicht von anderen mit Füßen treten. Lasse dich nicht durch Erfahrungen abbringen, die für dich nicht angenehm waren.

Diese Erfahrungen gehören ebenfalls zu dir und haben dich wachsen lassen. Sie haben deinen Geist erkennen lassen, was essenziell ist und was für dich wichtig ist. Sie haben deine Seele erkennen lassen, dass du durch diese Erfahrungen aufmerksamer und liebevoller mit dir selbst sein darfst. Lasse dich nicht abbringen und schreite voran. Auch wenn dir manche deiner Schritte langsam oder kurz vorkommen.

Jeder Schritt, selbst der kleinste, bringt dich ein Stück weiter.

Nur die Menschen, die den Mut haben, nach vorne zu gehen, können im Leben etwas erreichen und wachsen. Nur die Menschen, die sich entschieden haben, nach vorne zu gehen, erkennen die Schönheit ihrer eigenen Wertigkeit und die Schönheit ihres Weges. Diese Menschen können zurückblicken und sagen: »Wow, das alles habe ich geschafft? Das alles habe ich erlebt? Auf meinem Weg habe ich nicht gesehen, dass das, was ich erlebt habe, für meine Entwicklung so viel bedeutet hat! Aber jetzt kann ich das bestätigen. Jetzt kann ich es sehen. Ich verstehe nun alle Zusammenhänge.«

Lasse dich nicht abbringen und schreite weiter auf deinem Weg voran, so gut du kannst! Jeder Schritt bringt dich ein Stück weiter.

Dein Weg ist das Ziel und dein Weg ist deine Aufgabe, die du auf die Erde mitgebracht hast. Dein Weg und die auf diesem Weg gesammelten Erfahrungen.

Jeder von euch ist wichtig. Jeder von euch ergänzt den anderen und gehört zu diesem riesigen Ganzen des unendlichen Geschehens. Jeder von euch passt in dieses Ganze hinein, und ohne ihn wäre dieses Ganze nicht komplett!

Wir danken dir für deine Mühen, wir danken dir für deinen Fleiß. Wir danken dir dafür, dass du bist.

Wir danken dir dafür, dass du existierst.

Frieden mit euch.
Frieden mit uns.

Zahlenreihe mit liegender Acht im Kreis

88445719 ∞ 88445719 ∞ 88445719 ∞ 88445719 ∞ 88445719 ∞ 88445719

Dieses Symbol schützt dich zumindest teilweise vor Elektrosmog. Am besten kopierst du diesen Kreis oder malst ihn ab und platzierst ihn dann in allen Ecken des Raums, den du reinigen möchtest. Die verwendete Zahlenreihe vermindert alles Negative und verstärkt alles Positive. Sie ist ein starkes energetisches Portal für die Christusenergie.

Die Zahlenreihe 3717

Die Zahlenreihe **3717** wird von den Plejadern »Zahlenreihe des Vertrauens« genannt.

Sie stellt einen zum Plejadengestirn und zur plejadischen Zivilisation führenden direkten Zugang und ein Einstiegstor in die Raumzeit dar. Sie verbindet dich mit der Bewusstseinsebene der Plejader und deren Wissen und Frequenz. Diese Zahlenreihe lässt dich spirituell wachsen. Sie ist mit der plejadischen Liebe, Energie und dem plejadischen Schutz aufgeladen.

Anwendung

Indem du deine Hände auf diese Zahlenreihe legst, erlangst du eine hervorragende Verbindung zu den Plejadern. Du kannst die Zahlenreihe auch laut aussprechen oder visualisieren oder auf ein Stück Papier schreiben und unter eine Pyramide legen, damit sie auf dein Zuhause ausstrahlen kann.

Außerdem ist sie zum Programmieren deines Kristalls sehr gut geeignet. Lasse deinen Kristall mindestens acht Minuten lang auf dieser Zahlenreihe liegen. Wenn du sie auf Wasser programmierst, lasse das Glas Wasser mindestens drei Minuten lang auf dieser Zahlenreihe stehen, dann trinkst du das Wasser je nach Bedarf Schluck für Schluck.

7173

Die Zahlenreihe 8787

Diese Zahlenreihe verbindet dich mit den heilenden und reinsten Frequenzen von Lemurien. Sie verbindet dich mit den Frequenzen der menschlichen Rasse, des menschlichen Herzens und der menschlichen Seele. Sie hilft dir, dich an das Wesentliche des menschlichen Lebens und an das Wesentliche des menschlichen Seins hier auf der Erde zu erinnern.

Durch die Anwendung dieser Zahlenreihe erschaffst du eine neue, fehlerfreie Realität deines menschlichen Wesens. Du bindest dich an deine makellose Urfrequenz an.

Dadurch befreist du dich von Realitäten, die nicht zu dir gehören und die bei der Manipulation der Menschheitsgeschichte künstlich erzeugt worden sind.

Anwendung

Du kannst deine Hände auf diese Zahlenreihe legen. Auch wenn du sie laut aussprichst oder visualisierst, erzielst du ein hervorragendes Ergebnis. Außerdem kannst du sie auf ein Stück Papier schreiben und unter eine Pyramide legen, damit sie in die Weite deines Zuhauses ausstrahlen kann.

Zum Programmieren deines Kristalls ist sie ebenfalls sehr gut geeignet. Lasse deinen Kristall mindestens acht Minuten lang auf dieser Zahlenreihe liegen. Wenn du sie auf Wasser programmierst, lasse das Glas Wasser mindestens drei Minuten lang auf dieser Zahlenreihe stehen, dann trinkst du das Wasser je nach Bedarf Schluck für Schluck.

Die Zahlenreihe 131

Diese Zahlenreihe verbindet dich mit deiner Göttlichkeit in deinem menschlichen Körper. Du trittst dadurch in Kontakt mit dem Bewusstsein, der Liebe und Verspieltheit der Delfine. Sie verbindet dich mit der Reinheit, Verspieltheit und Leichtigkeit eines kleinen Kindes und lässt dein Leben und Wirken auf diesem Planeten freudvoll sein.

Dank dieser Zahlenkombination bist du mit der Liebe von Mutter Erde und der Liebe dieser Galaxis verbunden.

Anwendung

Du kannst deine Hände auf diese Zahlenreihe legen. Auch wenn du sie laut aussprichst oder visualisierst, erzielst du ein hervorragendes Ergebnis. Außerdem kannst du sie auf ein Stück Papier schreiben und unter eine Pyramide legen, damit sie in die Weite deines Zuhauses ausstrahlen kann.

Zum Programmieren deines Kristalls ist sie ebenfalls geeignet. Lasse deinen Kristall mindestens acht Minuten lang auf dieser Zahlenreihe liegen. Wenn du sie auf Wasser programmierst, lasse das Glas Wasser mindestens drei Minuten lang auf dieser Zahlenreihe in die Weite deines Zuhauses ausstrahlen.

Kosmische Liebe durchleuchtet jegliche Existenz auf der Erde …

Bonus-Channeling 1, verbreitet im AMRA-Newsletter

Liebe LeserInnen und BotInnen
der lichtvollen Frequenzen der Liebe!

Wir sind unbeschreiblich glücklich und verspüren große Freude und Dankbarkeit bei dieser Kommunikation mit euch. Unsere Freude durchdringt die zeitlichen Parameter und verbindet sich mit eurem Bewusstsein und mit eurer irdischen Realität, die ihr gerade erlebt. Wir sind unglaublich glücklich darüber, euch Informationen zu übergeben, welche die bedingungslose kosmische Liebe betreffen.

Das gesamte Geschehen hier auf diesem Planeten wendet sich einer positiven Richtung zu. Der Richtung der Liebe und der Richtung der positiven Entwicklung der menschlichen Gemeinschaft. Einer guten Richtung …

Die Existenz der menschlichen Zivilisation hier auf der Erde hat in der Vergangenheit große seelische, aber auch physische Verletzungen erlitten. Gaia, die Seele der Erde, ist mit euch durch diese schwierige Zeit gegangen und hat sich bemüht, euch durchgehend zu unterstützen. Sie hat euch durchgehend ihre Liebe zukommen lassen und das Gefühl der Stabilität zu jedem Bewohner dieses Planeten ausgesandt. Sie hat euch geholfen und hilft euch immer noch, schwierige Momente der Vergangenheit leichter zu bewältigen.

Die schwierigen Zeiten verlassen euch jetzt nach langer Zeit, und es macht uns unglaublich glücklich, dass wir beobachten können, wie die Menschheit als Ganzes beginnt aufzuwachen und Lichtfrequenzen der kosmischen Liebe ins Bewusstsein jedes menschlichen Individuums einfließen!

Viele menschliche Wesen haben bereits einen Großteil ihrer angesammelten Negativitäten oder Blockaden, die sie am Empfang kosmischer liebevoller Frequenzen gehindert haben, gereinigt. Viele menschliche Wesen haben die Komplexität der ganzen jetzigen Situation begriffen und sich auf das Positive programmiert. *Die Umprogrammierung auf das Positive ist die einzige, effektivste und schnellste Lösung, die der gesamtplanetarischen Situation hilft.*

Die menschliche Vergangenheit, die sehr dunkel war, beginnt sich dank der positiven Entwicklung der Menschheit in Licht und in Frequenzen der kosmischen Liebe aufzulösen. Die kosmische Liebe kann dadurch verschiedenste Realitäten der menschlichen Existenz, in denen sie sich hier auf der Erde befand, durchdringen. Sie durchleuchtet mit ihrer Großartigkeit jegliche Existenz der Menschheit und fließt unaufhaltbar zum menschlichen Herzen.

Euer menschliches Herz wird durch die kosmische Liebe, die von der göttlichen Quelle kommt, geheilt. Jedes Individuum dieses Planeten hat die Möglichkeit erhalten, seine Realität in dieser Zeit zu heilen. Das menschliche Herz empfängt wunderschöne Frequenzen der kosmischen Liebe und verbindet sich mit weiteren Herzen menschlicher Individuen, die sich über die Anwesenheit der kosmischen Liebe freuen. Es verbindet sich mit allen friedliebenden Individuen und Wesen.

Auch du kannst diese wunderschöne, heilende Kraft in dein Herz fließen lassen, und wenn du es zulässt, werden verschiedenste Systeme deines Seins geheilt.

Die kosmische Liebe, die zu eurem Planeten strömt, hat dank des erhöhten Bewusstseins der menschlichen Individuen die Möglichkeit erhalten, jegliche Zeiten und Räume der Menschheit zu heilen.

Die kosmische Liebe, die jegliche Gebiete dieses Planeten durchdringt, durchleuchtet mit ihrem Licht eure Galaxis und alle Lebewesen, die sich in eurer Galaxis befinden.

Es genügt, diese Frequenz der Liebe, welche die Bedingungslosigkeit und Einzigartigkeit der göttlichen Energie in sich trägt, zu sich einzuladen und in sein Herz fließen zu lassen.

Deshalb bitten wir dich: Erinnere dich daran, dass sich dein Herz nach dieser Liebe sehnt.

Erinnere dich daran, dass Liebe deine Essenz ist.

Erinnere dich daran, dass die Liebe in deinem Herzen dich mit weiteren liebevollen Wesen dieses Planeten verbindet.

Erinnere dich daran, dass die Liebe in deinem Herzen dich mit der Liebe der Seele dieses Planeten verbindet, mit Gaia.

Erinnere dich daran, dass die Liebe in deinem Herzen dich mit der Liebe deiner Galaxis und mit der Liebe des gesamten unendlichen Universums verbindet.

Liebe verbindet dich mit allem Liebevollen und Positiven. Liebe heilt alle Ebenen deines Seins und lässt dich in die positive, lichtvolle Zukunft der Menschheit aufsteigen.

Jeder von euch hat in dieser Zeit eine große Aufgabe und einen wichtigen Auftrag. Nämlich, sich an die Liebe seines Herzens und an die Liebe, von der er kommt, zu erinnern.

Wenn du dir bewusst wirst, dass Liebe deine Essenz ist und dass Liebe alles ist, was du bist, heilst du nicht nur dich selbst, sondern du heilst mit deiner Liebe und deiner Erinnerung weitere menschliche Wesen, die sich in deiner Nähe befinden. Du heilst deine Gegenwart, du heilst deine Zukunft.

Deine Existenz besteht aus Liebe, du *bist* Liebe.

Erinnere dich und handle danach.

Für die Heilung deines Herzens

Für die Heilung deines Herzens und deines Seins kannst du die folgende Affirmation laut aussprechen. Vergiss nicht, vor dem Aussprechen der Affirmation tief zu atmen. Genau wie nach dem Beenden der Affirmation. Sprich jedes Wort mit Bedacht und mit der Absicht aus, deine Realität zu heilen. Deine Stimme verbindet dich mit Frequenzen, die du zur Heilung benötigst. Jedes Wort ist eine bestimmte Frequenz. Zum Beispiel bringt dir das Wort »Liebe« wirklich die Frequenz der Liebe. Das Wort »Dankbarkeit« bringt dir Dankbarkeit, das Wort »Heilung« bringt dir Heilung und so weiter.

Du kannst eine weiße Kerze anzünden. Die weiße Kerze und ihr Licht verbinden dich mit der Reinheit und Klarheit der Lichtfrequenzen.

Sprich nun diese Affirmation:

»Ich bin bereit, jetzt und in diesem Raum die Frequenz der kosmischen Liebe in Dankbarkeit zu empfangen.

Ich öffne mein Herz und verbinde mich mit der Liebe, die aus der reinsten Quelle kommt.

Ich lasse mein Herz durch diese reine Liebe reinigen und heilen.

Alle Negativitäten, die mich belasten und blockieren, lösen sich jetzt und in diesem Raum auf.

Ich trenne mich bewusst von allen Negativitäten ab.

Ich erlaube allen Negativitäten zu gehen. (Atme tief und nimm wahr, wie die Negativitäten gehen.)

Mein Herz empfängt ab jetzt nur noch die reinsten Frequenzen der Liebe.

Mein Herz ist strahlend und glücklich.

Liebe reinigt und heilt alle Zeiten und Räume meines Seins und meiner Existenz.

Ich nehme die Liebe in Dankbarkeit in alle Zeiten und Räume meiner Realität auf.

Ich bin Liebe. Ich bin Liebe. Ich bin Liebe.«

Wir wünschen euch allen, dass ihr die reinste Liebe in eurem Herzen spürt. Wir wünschen euch, dass ihr diese Liebe erlebt und diese Liebe leben könnt. Hier, auf diesem wunderschönen Blauen Planeten.

Liebe heilt euch, Liebe nährt euch und Liebe verbindet euch mit allem Liebevollen, das sich in diesem unendlichen Universum befindet.

Frieden mit euch.
Frieden mit uns.

Orellas Informationen zum Neuen Jahr

Bonus-Channeling 2, verbreitet im AMRA-Newsletter

Ich, Orella, verbinde mich durch Zeit und Raum mit eurer irdischen Zeit und eurem irdischen Raum.

Wir begegnen uns hier, auf eurer Ebene menschlichen Denkens und menschlicher Wahrnehmung. Euer Denken und eure Wahrnehmung, die sich um ein Vielfaches erhöht haben, haben Grenzen geöffnet, die immer noch zwischen der alten und neuen Welt eurer neuen Existenz bestanden.

Eure Wahrnehmung hat einen Weg zu Räumen und Zeiten geöffnet, die für die Menschheit durch die göttliche Intelligenz vorbereitet worden sind. Zu neuen Räumen und zu neuen Zeiten, die eine riesige Menge Licht enthalten. Göttliches Licht!

Die Räume und Zeiten, in die ihr eintretet, lassen eure Herzen sich mit weiteren lichtvollen Räumen und lichtvollen Zeiten der menschlichen Zukunft verbinden.

Die gesamte menschliche Gemeinschaft erlebt Veränderungen, auf die alle lange gewartet haben. Nicht nur Veränderungen, die eine Rekonstruktion des gemeinschaftlichen und wirtschaftlichen Lebens betreffen, sondern auch Veränderungen, die jeder einzelne Geist erlebt, der sich in einem menschlichen Körper auf diesem Planeten befindet.

Die vielfache Erhöhung der Lichtenergie der neuen Räume und Zeiten auf diesem Planeten bringt dem menschlichen Geist eine enorme Beschleunigung seiner Evolution. Die Evolution des menschlichen Geistes stagnierte in den vergangenen Jahrhunderten, häufig sank sie sogar, weil die Bedingungen der Außenwelt negativ dazu beitrugen.

Der menschliche Geist erlebt gerade eine Renaissance [Wiedergeburt]. Er erlebt seine eigene Erleuchtung! Der menschliche Geist verbindet sich mit weiteren Synapsenstrukturen der kosmischen Welt und erhöht dadurch fortwährend seine Energie und sein Licht.

Der Geist des Menschen erhält nun die Möglichkeit, sich lichtvoll zu entwickeln, sich in lichtvolle Ebenen auszudehnen und sich mit weiteren menschlichen Individuen zu verbinden, die eine lichtvolle Seele in sich tragen.

Das kollektive Bewusstsein der menschlichen Gemeinschaft erhöht sich damit immer mehr, und die dunklen Felder der dunklen Vergangenheit können in Licht umgewandelt werden.

Die Reinheit der menschlichen Seele und des kollektiven Bewusstseins beginnt sich um den ganzen Planeten Erde herum auszubreiten.

Die kollektive Seele der Menschheit beginnt sich liebevoll zu entfalten und mit den reinen Urfrequenzen der Menschheit zu verbinden.

Die kollektive Seele der Menschheit beginnt nach Tausenden von Jahren wieder in erhöhten Frequenzen des Lichts, der Liebe und des Verständnisses zu schwingen. Die lichtvolle Kettenreaktion, die unter den Menschen auf diesem Planeten stattfindet, stärkt die Seele der Menschheit und lässt sie ganz und stabil werden. *Jeder positive Gedanke, jede positive Tat lässt die kollektive Seele der Menschheit heilen.*

Alle Frequenzen, welche die göttliche Intelligenz zu euch auf den Planeten Erde aussendet, sind positiv mit vielfacher Kraft aufgeladen, damit sich die menschliche Gemeinschaft an die Kraft der göttlichen Frequenzen erinnert.

Diese Frequenzen lassen euch ihre wahre Essenz fühlen. Falls ihr zum Beispiel gerade Glück und Liebe fühlt, ist das Gefühl des Glücks und der Liebe viel intensiver als früher.

Falls ihr gerade Mitgefühl habt, ist das Mitgefühl gegenüber einem anderen intensiver als bisher, und ihr fühlt es so, wie die göttliche Kraft es in sich trägt.

Und so ist es und wird es mit allen Frequenzen sein, die begonnen haben, zu euch auf den Planeten Erde zu strömen!

Ende des Jahres 2019 hat die göttliche Intelligenz begonnen, lichtvolle Sphären auf den Planeten auszusenden, die euch eure Urfrequenzen und Urinformationen bringen. Diese Sphären, die wie feinstoffliche goldene Kugeln geformt sind, enthalten jegliche Informationen, welche die Menschheit für ihre Entwicklung braucht. Diese lichtvollen Sphären gelangen durch bereits vorbereitete Portale zu euch, die sich schon seit dem Jahr 2011 geöffnet haben.

Die lichtvolle und kosmische Konstellation der physischen Position der Erde und der umgebenden Planeten bringt in dieser Zeit die Möglichkeit der Anbindung der Erde an die Zentralsonne der göttlichen Quelle. Die Informationen der göttlichen Quelle können ebenfalls direkt und ohne etwaige Verluste zu euch Menschen gelangen.

Die lichtvollen Sphären sinken auf die Oberfläche des Planeten und durchdringen mit ihrem feinstofflichen Licht auch unterirdische Räume. Der Planet Erde und alle auf ihm und in ihm lebenden Wesen erhalten dadurch ihre göttlichen Urfrequenzen und Urinformationen zurück.

Die menschliche Gemeinschaft hat damit die Möglichkeit erhalten, sich wieder an ihre Urinformationen der menschlichen DNA anzubinden!

Bis zu dieser Zeit war es dem menschlichen Individuum nur teilweise möglich, sich an seine ursprüngliche DNA anzubinden, aber jetzt hat es die Möglichkeit der vollen Regeneration des menschlichen Körpers, der menschlichen Seele und des menschlichen Geistes!

Die göttliche Intelligenz sendet auch Aminosäuren und weitere Elemente, die das menschliche Individuum für seine volle Regeneration der DNA benötigt, in Form von Lichtenergie zu euch aus. Das bedeutet für die Menschheit einen riesigen Fortschritt in seiner Gesamtentwicklung und in seiner Evolution, die durch die dunklen Wesen angehalten wurde.

Ein reines menschliches Individuum mit einem reinen Herzen ohne negatives Denken hat nun die Möglichkeit, sich an seine Urfrequenzen anzubinden, und es hat die Möglichkeit der absoluten Regeneration!

Es hat die Möglichkeit, seine Seele an diese reinsten göttlichen Informationen anzubinden und dadurch die Matrix seiner Seele zu heilen!

Es hat die Möglichkeit der Regeneration seiner Körperhülle und damit der Widerstandsfähigkeit und der Erhöhung seines Lebensalters.

Es hat die Möglichkeit der stärkeren Verbindung mit der kollektiven menschlichen Seele, die direkt mit der göttlichen Liebe verbunden ist.

All die langen Jahre der Vorbereitung auf den erfolgreichen Übergang der Menschheit ins Goldene Zeitalter beginnen nun Früchte zu tragen, und die Menschheit kann Schritt für Schritt in die Goldene Zukunft voranschreiten.

Wie viele Schritte mussten getan werden, damit sich die Menschheit an ihre Urfrequenzen und Urinformationen anbinden konnte! Wie viele Schritte mussten getan werden, damit der Mensch beginnen konnte, sich zu erinnern!

Eine riesige Anzahl an Lichtwesen arbeiteten und arbeiten noch immer Hand in Hand mit der göttlichen Intelligenz, damit dieser gigantische Übergang der Menschheit in die goldenen Dimensionen verwirklicht werden kann.

Jetzt können die Menschen, von ihren karmischen Belastungen gereinigt und von ihren persönlichen Angelegenheiten befreit, ihren Prozess des Lichtkörpers starten, den Prozess der Vermehrung ihrer DNA-Stränge, und sie können sich mit ihrem gereinigten System an die kosmischen Chakren eurer Galaxis anbinden! Die Menschen werden wieder vollkommen in das energetische Gesamtgeschehen dieser Galaxis und in das Gesamtgeschehen unseres gemeinsamen unendlichen Universums passen!

Das Jahr 2020 bringt eine weitere riesige Anzahl an aus dem Kosmos stammenden Farbfrequenzen!

Dieses wunderschöne Licht, das durch die geöffneten Portale unterschiedlichster Zeiten und Räume direkt aus der Zentralsonne der göttlichen Quelle kommt, bringt Heilfrequenzen für die Chakren des menschlichen Körpers.

Es bringt die Farben und die Schönheit, die ihr von den Erscheinungen einer Polarnacht kennt. Es bringt Farbnuancen, die ihr bislang nicht kanntet und die eurer Wahrnehmung unbekannt waren. Diese wunderschönen Farben heilen eure Systeme und bringen euch im Gesamten Harmonie. Indem sie auftreten, ermöglichen sie euch, eure unverstandenen Themen, die ihr vielleicht noch in eurem System des Geistes und der Seele tragt, zu verstehen. Dieses Licht wird euch eine große Hilfe beim Heilen und bei der Transformation derjenigen Themen sein, die euch noch nicht verlassen haben.

Unterschiedlichste Farbfrequenzen werden bei eurem Aufenthalt in der Natur eure Chakren durchdringen und durch ihre natürliche sanfte Kraft eure Themen heilen.

Entscheidet euch dafür, die Themen, die euch belasten, abzugeben. Möglicherweise werdet ihr nochmals einen Blick darauf werfen müssen und sie wenn nötig nochmals verarbeiten müssen, damit sie euch definitv verlassen können. Nur mit einem reinen Herzen und mit reinen Chakren habt ihr die Möglichkeit, euch mit den aus dem Kosmos zu euch kommenden Urfrequenzen und Urinformationen zu verbinden!

Die Arbeit an euren unverarbeiteten Themen ist demnach unerlässlich. Aber glaubt daran, dass eure Absicht, diese Themen ein für alle Mal loszulassen, die Intensität eures Handelns und eurer Heilung erhöht. Schon oft wurde euch durch die plejadische Zivilisation mitgeteilt, dass allein schon eure Absicht, eure Realität zu heilen, die benötigten Zeiten und Räume zur Heilung eurer Vergangenheit öffnet.

Glaubt daran, dass sich mit jedem Tag des Jahres 2020 und mit jedem Tag der nächsten gesegneten Jahre eurer Zukunft die Frequenzen des kosmischen Lichts und die Informationen der göttlichen Intelligenz immer mehr erhöhen. Der Planet Erde durchläuft auf seiner natürlichen planetarischen Umlaufbahn einen Zyklus, der eurer positiven Entwicklung dient.

Glaubt daran, dass alles einen Sinn ergibt und dass alles nach dem Plan des Positiven und der Liebe voranschreitet.

Glaubt daran, dass wundervolle Zeiten der goldenen Zukunft auf die menschliche Gemeinschaft warten. Alles kehrt in die göttliche Norm zurück, der Zyklus der dunklen Zeit, der dunklen Vergangenheit, wird bald beendet sein.

Nehmt alle Veränderungen, die zu euch kommen, mit Freude und mit Optimismus auf. Ohne Veränderungen können auch keine guten Veränderungen geschehen. Alle Veränderungen, die gerade stattfinden, bringen der gesamten menschlichen Gemeinschaft Entspannung, Harmonie und unendliche Erleichterung. Frequenzen des kosmischen Lichts und wertvolle neue Informationen kommen zu euch, sie reinigen alle Bereiche der menschlichen Gemeinschaft, der Natur und des menschlichen Individuums. Alle Bereiche! Ohne Ausnahme.

Das Licht hat eine besondere Fähigkeit – nämlich auch die dunkelsten Bereiche, die hier auf der Erde noch existieren, zu durchdringen. Die Intensität des göttlichen kosmischen Lichts ist so groß, dass auch die Zeiten und Räume, welche die menschliche Gemeinschaft bisher belastet haben, früher oder später transformiert werden.

Den dunklen Wesen, egal welchen Ursprungs oder mit welchem Denken, wird nichts anderes übrig bleiben als sich auf das Positive umzuprogrammieren oder den Planeten zu verlassen. Früher oder später wird kein Platz mehr für dunkel denkende oder handelnde Wesen auf diesem Planeten sein.

Die Dimension der dritten Bewusstseinsstufe wird nach und nach transformiert, und auf diesem Planeten werden sich nur noch diejenigen Individuen wohl fühlen, die Liebe in ihrem Herzen tragen und die sich an das Licht, die Liebe und die Informationen des kosmischen Lichts angebunden haben.

Die Menschheit wird im Laufe der Zeit zu ihrem reinsten göttlichen Ursprung zurückkehren. Zu genau einer solchen Reinheit ihres Ursprungs, wie ihr sie bei einem neugeborenen menschlichen Kind fühlt. Ein menschliches Baby, das soeben zur Welt gekommen ist, um sein Leben auf diesem Planeten zu durchleben, trägt diese göttliche Reinheit in sich. So könnte man die Reinheit der Menschheit mit der Reinheit eines Neugeborenen vergleichen. Eine solche Reinheit und Natürlichkeit wird die menschliche Gemeinschaft wieder in sich tragen. Ohne Vorurteile und ohne Ego. Sie wird bedingungslose Liebe in sich tragen.

Die göttliche Intelligenz, die lichtvollen und friedliebenden Wesen und unsere plejadische Gemeinschaft begleiten euch bei eurer Neugeburt. Habt keine Bedenken und nehmt die Hilfe, die aus der Lichtwelt zu euch kommt, mit Freude an.

Eure Freude und Begeisterung motiviert uns immerzu und bringt euch mehr und mehr Informationen für eure Gesamtheilung. Ihr werdet gesünder mit jedem Augenblick.

Der Weg in eure Zukunft wird lichtvoll sein. Er wird lichtvoll und motivierend sein, und unsere Liebe wird alle eure weiteren Schritte begleiten, die zu eurer neuen goldenen Zukunft führen. Unsere Liebe und unser Licht werden euch begleiten.

Mehr und mehr erhöht sich unsere gemeinsame Liebe. Unsere Liebe, unser Licht und unsere Verbindung. Liebe ist das Mächtigste, Stärkste und Schönste, was wir erleben können.

Die menschliche Zukunft strebt neuen Zeiten der Liebe entgegen. Liebe wird euch bei jedem Schritt tragen. Liebe wird euch in jeder Sekunde, Minute und Stunde eures menschlichen Lebens tragen und begleiten. Jeder Tag, jede Woche und jeder Monat eurer menschlichen Inkarnation auf diesem Planeten wird durch die Frequenzen der kosmischen Liebe getragen sein. Das ganze Jahr 2020, und nicht nur dieses Jahr, sondern auch die weiteren Jahre, werden von kosmischer Liebe erfüllt sein.

Nehmt diese Liebe in eurem Herzen auf und fühlt unsere Liebe zu euch.

Lasst euer Herz in Liebe leben und vertraut. Vertraut auf eine freudvolle Zukunft der menschlichen Gemeinschaft. Die glückliche Zukunft der Menschheit ist durch die göttliche Intelligenz bereits programmiert worden. Es genügt, sich diese Tatsache bewusst zu machen und sie in seinem Herzen und in seinem Geist aufzunehmen und zu verankern.

Die Energiefelder eurer glücklichen menschlichen Zukunft existieren bereits. Die göttliche Intelligenz hat die neuen Räume und neuen Zeiten der menschlichen Zukunft schon für euch vorbereitet.

Nun liegt es nur noch an jedem von euch, wann ihr in eure positive Zukunft eintretet.

Vertraut und handelt liebevoll. Nicht nur in Bezug auf andere, sondern auch in Bezug auf euch selbst. *Eure Selbstliebe wird anderen Heilung bringen.*

Füllt eure Herzen jeden Tag mit der Liebe des göttlichen Lichts. Und handelt aus dieser Liebe heraus. Die Liebe in euren Herzen wird euch führen und euch den Weg zeigen, der für euch der beste, opimale und freudvollste ist. Handelt mit Liebe. Handelt in Liebe. Zu euch selbst und zu anderen. Liebe öffnet euch neue Wege zu neuen positiven Zukunftszeiten.

Liebe in euren Herzen verbindet uns alle miteinander und untereinander. Sie verbindet unsere Realitäten. Sie verbindet unsere Räume und Zeiten.

In diesem Augenblick schicken wir eine große Menge Liebe zu euren Herzen.

Liebe verbindet uns miteinander und untereinander. Liebe trägt uns und macht uns lichtvoller.

Wir wünschen euch eine riesige Menge an Licht und Liebe für das neue Jahr.

Nicht nur für das Jahr 2020, auch für die weiteren Jahre eurer menschlichen Existenz.

Wir schicken euch die Frequenz des Vertrauens und des Mitgefühls.

Wir sind mit euch, und wir begleiten euch.

Bei jedem eurer Schritte.

Frieden mit euch.
Frieden mit uns.

Mein Nachwort

Nach diesen wunderschönen Worten, die uns die plejadische Zivilisation übermittelt hat, bin jetzt ich an der Reihe, die euch diese Botschaften channelt. Auch ich möchte euch allen danken, dass wir zu diesem enormen Ereignis des Aufstiegs ins Goldene Zeitalter gehören. So haben wir es alle für uns geplant. Unser kollektives Bewusstsein führt und umgibt uns.

Als ich ein kleines Mädchen war, ahnte ich noch nicht, was mich einmal erwarten würde. Trotzdem hatte ich schon damals, während ich in der ehemaligen Tschechoslowakei aufwuchs, das Gefühl, dass etwas existiert, was wir nicht greifen können. Und wenn ich jetzt zurückblicke, kann ich bezeugen, dass alles – absolut alles – einen Sinn hatte, auch wenn es mir manchmal sinnlos und überflüssig erschien. Vergleiche ich es mit der heutigen Zeit, gibt es wohl kaum passende Worte, die diesen Unterschied beschreiben könnten.

Ich bin hinter einem »Vorhang« aufgewachsen. Einem Vorhang, der uns in der Vorstellung leben ließ, dass dahinter nur Böses existiert, eine Welt des Bösen.

Und alle von uns, die auf der Bühne des Lebens wirkten, mussten dem Leben dankbar dafür sein, dass wir hier sein durften, auf der guten Seite …

Wir durften nicht über die Grenze reisen, wir waren im Vakuum des tschechoslowakischen Staats eingesperrt, zusammen mit den drückenden Frequenzen der Angst und der Bestrafung. Wir lebten wie Gefängnisinsassen, die zu Unrecht verurteilt worden waren, und mussten die Ungerechtigkeit, Sinnlosigkeit und Härte des damaligen Regimes ertragen.

Damals als Kind hatte ich keine Ahnung, dass irgendwelche Frequenzen oder Energien existieren. Ich verspürte aber die Schwere dieser Zeit und die Unfreiheit des Geistes. Meine Eltern und meine ganze Familie lebten in Sorge und Unsicherheit darüber, was die Zukunft wohl bringen würde. Niemand von ihnen hatte den Mut, irgendwelche Schritte zur Veränderung der Situation zu tun, weil die Angst vor physischer und vor allem psychischer Bestrafung über jedem Menschen hing, der in diesem Staat lebte.

Ich kann mich noch sehr gut daran erinnern, welche Bedeutung Gespräche bei Kerzenschein und im Verborgenen vor der Außenwelt und vor Menschen, die sich auf die Seite der dunklen Mächte geschlagen haben, für uns hatten. Ich kann mich noch sehr gut an das Gefühl erinnern, als wir heimlich und gleichzeitig voller Angst einem Radiosender aus dem Westen Deutschlands lauschten und ich die ersten Nachrichten von der Welt »da draußen« vernahm. Es war ein so aufregendes Gefühl für mich! Mit dreizehn Jahren hörte ich Nachrichten von Menschen, die hinter dem eisernen Vorhang lebten, den zu »lüften« es Menschen guten Willens erst gelang, als ich bereits neunzehn war, sechs Jahre später.

Diese Nachrichten wühlten mich auf, und meine Seele fühlte zum ersten Mal, was es bedeutet, ihr Licht auszudehnen und für ein paar Minuten einen Blick hinter den Horizont der eigenen Realität zu werfen. Es bedeutete viel für mich, es war ein überwältigendes Erlebnis, und ich weiß genau, dass sich meine Seele damals zumindest für einen Moment an die Schönheit und die Frequenz der Freiheit angebunden hat.

Fast zwanzig Jahre lang lebte ich in dem Gefühl, dass ich im Vakuum meines eigenen Heimatstaates ersticke und dass der Sauerstoff, den ich nur schluckweise erhielt, mir einfach nicht reichte. Das schreckliche Gefühl von künstlich erschaffenen Regeln und das unerträgliche Gefühl der Sinnlosigkeit und Härte, in der mit dem menschlichen Wesen umgegangen worden ist, war für mich schwer zu ertragen.

In dieser Zeit wuchs das Gefühl in mir heran, dass die Suche nach Freiheit meine größte Aufgabe ist. Wenn ich jetzt zurückschaue und Bitterkeit empfinde, schicke ich diesen Gefühlen Liebe und Licht. So, wie es uns die Plejader empfehlen.

Ich ahnte ja nicht, dass mein Verlassen der Tschechoslowakei weitere Schritte nach sich ziehen würde, in der es erneut um die Erlangung von Freiheit ging. Dieses Mal aber auf andere Weise. Es ging um die Freiheit des Bewusstseins, um die wir uns als Ganzes bemühen. Schritt für Schritt. Genau so, wie die Plejader es immer wieder betonen.

Ich bedaure Menschen, die in ihren Erinnerungen einer bitteren Vergangenheit verhaftet bleiben und keine Möglichkeit finden, nach vorne zu schauen. Manche Menschen der älteren Generation haben die offenen Türen nicht bemerkt, durch die man in die neue Zukunft eintreten kann. Ich wünsche allen, dass sie diese Einladung annehmen!

Die Freiheit des Denkens, die Freiheit des Geistes und die Freiheit der Seele haben für mich schon immer eine große Rolle gespielt. Was die Seele nicht alles erleben kann, wenn sie sich an die Frequenz der kosmischen Freiheit und der Freiheit der Lichtwesen anbindet! Was für ein herrliches Gefühl der Leichtigkeit und des Glücks sie empfindet!

Als kleines Kind ahnte ich nicht, dass ich als eine von wenigen tschechischen Bürgerinnen meine Stadt und meine Republik verlassen würde und nach Jahren der Selbsterkenntnis und des spirituellen Studiums die Freiheit des Geistes erleben würde. Ich ahnte nicht, dass mein Fortgang nach Deutschland durch meine Seele im Voraus geplant war. Ich ahnte nicht, dass meine Seele geplant hatte, dass ich in Deutschland leben und arbeiten würde.

Als kleines Kind war ich oft bei meiner Oma. Ich habe sie unendlich geliebt. Meine Oma war eine sehr weise Frau. Sie erlebte in der damaligen Tschechoslowakei schwere Zeiten, als die Kommunisten das Familienunternehmen beschlagnahmten, eine Schmiede und Schleiferei für chirurgische Messer und Skalpelle, die der Herstellung von Prothesen für den menschlichen Körper dienten.

Dieses Unternehmen war von meinem Uropa und meiner Uroma gegründet worden, mit denen ich oft in lichtvollem Kontakt stehe und von deren nicht-physischer Begegnung ich im dritten Buch geschrieben habe. Dieses Unternehmen hatten sie jahrelang aufgebaut, und als es gerade in seiner Blüte stand, kamen die Kommunisten an die Macht und überführten fast alles in staatliches Eigentum. Meine Oma und mein Opa konnten in diesem Unternehmen zwar weiterhin arbeiten, aber sie waren im eigenen Betrieb Angestellte des Staates und erhielten vom Staat einen mickrigen Lohn.

Mein Opa ertrug diese Situation nicht und starb an Krebs. Meine Oma arbeitete weiterhin in diesem Unternehmen, und obwohl sie so viele grausame Momente erlebt hat, blieb sie im Herzen rein und liebevoll. Ich liebe alle unsere Gespräche und alle Weisheiten, die ich von ihr mitbekommen habe.

Wenn ich an sie denke, ist vor allem ihre *Liebe* geblieben. Eine Liebe, die ich stets in meinem Herzen trage. Wann immer ich an sie denke. Und schon als Kind habe ich mir gesagt, dass Liebe wahrscheinlich das Wichtigste ist, was ein Mensch in sich tragen kann. Ich habe in meiner Kindheit und als Heranwachsende viele Situationen gesehen, in denen mir mehr und mehr bewusst wurde, dass Liebe das stärkste und mächtigste Element ist, das wir als Menschen erleben können. Alles andere, was wir erleben, ist vergänglich, aber die Liebe bleibt immer. Die Liebe bleibt auch dann noch, wenn ein Mensch seine Inkarnation auf der Erde verlässt. Liebe verschwindet nie aus unserem Herzen …

Liebe begleitet uns, wir leben durch Liebe, und Liebe hilft uns dabei, unsere persönliche Freiheit zu finden.

Oft bin ich mit Menschen in Kontakt, die ihre Körperhülle verlassen haben und eine Verbindung zu mir aufbauen, um ihren Familienangehörigen mitzuteilen, wie es ihnen geht. Manchmal wollen sie ihre Hinterbliebenen auch etwas Konkretes wissen lassen. Sie haben im Laufe der Jahre unzählige Informationen und Botschaften durch mich weitergegeben. Und alle ihre »Briefe« haben eines gemeinsam: dass das Stärkste und Schönste, was sie erleben, *Liebe* ist. Die Liebe der göttlichen Quelle, die Liebe der Lichtwesen und die Liebe, die sie füreinander empfinden. In Hunderten von Briefen, die ich empfangen habe, hat keine einzige menschliche Seele mitgeteilt, dass sie keine Liebe empfindet.

Alle, jede einzelne Seele, beschreibt, dass die göttliche Liebe, von der sie früher immer nur gehört hat, sich mit Worten nicht ausdrücken lässt. Eine so große Liebe und Einheit ist unbeschreibbar, und jede menschliche Seele weiß nach dem Verlassen ihres Körpers sofort, welche Fehler sie hier auf der Erde nicht wieder machen würde …

Und sie weiß auch, wie wichtig Vergebung ist.

Vor ein paar Wochen hatte ich Kontakt mit einer menschlichen Seele, die sehr rein war, obwohl sie auf der Erde wirklich viel Böses erfahren hatte. Und das über viele Jahre hinweg. Diese Frau, um die es hier geht, hat einen besonderen Platz in meinem Herzen. In den letzten Jahren ihres Lebens besuchte sie meine Seminare. Als sie von dieser Welt schied, verband sie sich mit mir und begann mir wunderschöne Botschaften für ihre Tochter durchzugeben, die ich ihr überbringen sollte. Sie teilte mir mit, wie glücklich sie darüber ist, allen Menschen, die sie verletzt hatten, vergeben zu haben, und dass Vergebung von ganzem Herzen eine große Aufgabe in dieser Inkarnation für sie war. Diese Aufgabe zu erfüllen ist ihr gelungen, und die Vergebung hat sie befreit.

Weiter teilte sie mir mit, ich hätte in meinen Seminaren doch immer gesagt, dass die Seele eines jeden Teilnehmers bei den Übungen und der Arbeit mit Energie das kosmische Licht und die Liebe aufnimmt. Dass jede Lichtarbeit und jeder Segen der Seele Heilung bringt – das war und ist immer noch meine Behauptung. Und nun beschrieb sie …

Sie beschrieb, dass ihre Seele jedes Licht, jedes Lichtteilchen, das die Lichtwesen ihr bei den Seminaren gebracht hatten, aufgenommen hat und ihre Seele dadurch jetzt lichtvoll strahlt und wunderschöne Farben in sich trägt. Und dank dieser wunderschönen Farben und lichtvollen Energien ist es ihr gelungen, ohne Probleme und freudvoll in die himmlischen Dimensionen hinüber zu gehen. *Das Licht ihrer Seele hat ihr geholfen, in die lichtvollen Ebenen der Ewigkeit aufzusteigen.*

Durch ihre Botschaft erhielt ich erstmals ein direktes und konkretes Feedback, was die Arbeit mit Energie alles an Gutem bringt und welche Heilfrequenzen wir hier auf der Erde empfangen, selbst wenn diese Frequenzen für uns nicht greifbar sind. Sie teilte mir mit, dass die Seele alles Gute registriert, was ihr ein anderer Mensch während ihres Lebens zuteil werden lässt. Die Seele nimmt absolut alles auf.

Ihr größter Wunsch war es aber, dass ich ihrer Tochter ausrichte, wie sehr sie sie liebt und dass sie sie immer lieben wird.

Dass Liebe ewig ist und dass Liebe verbindet. Dass das Wichtigste Liebe ist. Das Wichtigste von allem.

Ihre Worte ließen mir vor Rührung und Dankbarkeit Tränen in die Augen steigen. Gleichzeitig erhielt ich dadurch die Bestätigung, dass unsere gemeinsame Arbeit an ihrer Heilung eine essenzielle Bedeutung gehabt hatte. Ich hatte von ihr eine Nachricht von der »anderen Seite« erhalten.

Und dafür danke ich ihr.

Mein letztes Buch habe ich Marc gewidmet, einem guten Freund meiner jüngsten Tochter. Obwohl er so jung von diesem Planeten ging, ist seine Seele sehr ausgereift und versteht viele Zusammenhänge, die zwischenmenschliche Beziehungen betreffen.

Auch Marc hat nach seinem Tod mehrmals Verbindung zu mir aufgebaut und mir mitgeteilt, wie es »dort oben« so läuft. Er hat nichts von seinem Humor eingebüßt, doch seine Seele hat eine gewisse Weite erlangt und seine Ausdrucksweise sich verändert. Er hat jetzt einen größeren Überblick über bestimmte Dinge. Seit seinem Übergang in den menschlichen Himmel begleitet ihn seine Oma und kümmert sich um ihn. Sie zeigt ihm alles und macht ihn mit der dortigen Welt bekannt. Er teilte mir mit, dass in dieser Welt keine Grenzen existieren und einem alle Wünsche erfüllt werden.

Als Marc noch in der irdischen Welt lebte, war sein liebster Gegenstand sein Skateboard. Er bewegte sich mit Leichtigkeit und Bravour darauf. Wenn er zu uns fuhr, konnte ich anhand des vertrauten Geräuschs schon von Weitem erkennen, dass Marc sich nähert. Sein Skateboard nahm er überall hin mit. Auch in die Ferien. Das Skateboard gehörte einfach zu ihm.

Jetzt, wo er in der himmlischen Dimension ist, hat er sein Board wieder bei sich. In seinem typischen Humor schrieb er mir, dass sein jetziges Skateboard obendrein noch viel besser ist, weil er darauf sogar fliegen und sich wie Harry Potter durch die Luft bewegen kann.

Zu Lebzeiten ging Marc gerne ins Kino, und deshalb geht er auch im Himmel ins Kino.

Er hat dort meinen Uropa kennen gelernt, der mein erster Lichtbegleiter aus der himmlischen Dimension ist und immer bleiben wird. (Ich habe ihn schon mehrmals erwähnt.) Marc sagte mir, dass mein Uropa in den lichtvollen Ebenen eine hoch geschätzte Person ist, da er für »glückliche Zufälle« verantwortlich ist, die meine Familie, meine Liebsten und Bekannten hier auf der Erde erleben. Außerdem ist mein Uropa laut Marc ein Meister des Sehens in die Zukunftslinie der Menschen, die auf der Erde leben. Und zwar nicht nur meiner Familie. Menschliche Seelen, die sich während ihres Lebens auf der Erde spirituell nicht entwickelten, haben keine so ausgeprägte Fähigkeit, in die Zukunft zu sehen, und Marc lernt gerade von meinem Uropa und sammelt Erfahrungen. Marc teilte mir bei dieser Gelegenheit mit, dass meine Tochter in naher Zukunft einen Menschen treffen würde, der ihr im Herzen sehr nahe stehen würde, was auch wahr geworden ist. Diese Begegnung machte sie ein paar Wochen nach Marcs Nachricht.

Er schrieb, wenn meine Tochter glücklich ist, ist auch er glücklich. Und Glück heilt seine Seele. Er schrieb, dass zwischen der irdischen und der lichtvollen Welt keine Grenzen existieren. Nur der menschliche Geist und die Unfähigkeit des Menschen, die andere Welt wahrzunehmen, trennen die zwei Welten voneinander. Würden diese beiden Komponenten nicht existieren, würde der Mensch feststellten, dass die himmlische Welt eigentlich mit der irdischen verschmilzt.

Viele menschliche Seelen teilen mit, dass sie sich oft in der Nähe ihrer Familie und Liebsten aufhalten und helfen, wo sie nur können. Viele von ihnen sind traurig darüber, dass sie von den Menschen nicht wahrgenommen oder gehört werden. Viele von ihnen teilen mit, dass sie noch mehr helfen könnten, wenn ihre Liebsten doch nur lernen würden, ihre Informationen und ihre Zeichen wahrzunehmen.

Alle ohne Ausnahme teilen mit: Obwohl sie die menschliche Hülle verlassen haben, haben sie geliebte Personen niemals verlassen und stehen weiter in Verbindung mit ihnen und in häufigem Kontakt. Doch viele Seelen sind in ihren Möglichkeiten leider dadurch begrenzt, dass ihre irdischen Familienmitglieder nicht an ein Leben nach dem Tod glauben, dass sie den Kreislauf des Lebens so nicht annehmen können.

Die Plejader haben in diesem Buch mehrere Male mitgeteilt, dass wir Menschen nach dem Verständnis und der Ansicht der umgebenden Wesen der kosmischen Welt ein Ganzes sind, und zwar auch mit den menschlichen Seelen im Himmel. Wir gehören auf natürliche Weise zusammen.

Unsere Heilung hier auf der Erde hilft dabei, unsere Liebsten in ihrer Lichtform zu heilen. Und wir können dank der Heilfrequenzen heilen, die unsere Familie aus dem Licht uns schickt. Wir sind ein Ganzes, und das teilen uns nicht nur die Plejader, sondern auch unsere Liebsten im Licht mit.

Ich denke, uns allen war nicht ganz klar, dass Millionen menschlicher Seelen, die sich im Licht befinden, mit uns ins Goldene Zeitalter aufsteigen.

Und dass wir alle uns gegenseitig unterstützen.

Je stärker unser menschliches Licht ist, desto mehr Licht überträgt sich auf unsere Liebsten im Licht. Und sie übertragen dieses Licht weiter.

Letztlich sind diese zwei Welten miteinander verbunden und verschmelzen ineinander.

Die Plejader schreiben, dass jedes Lichtteilchen unsere ursprüngliche göttliche Essenz und die Essenz von allem Göttlichen beinhaltet. Das sollte ich schon bald lernen.

Als ich vor ein paar Tagen an meinen Texten gearbeitet habe, lag ich draußen auf einer Decke. Am liebsten schreibe ich draußen, verbunden mit der Natur und allen Lichtwesen. Es war großartiges Wetter, schön sonnig, und ich dachte eine Weile über das nach, was mir die Plejader gerade mitgeteilt haben. Ich blickte ins Leere und beobachtete, wie ein Sonnenstrahl auf den Fingernagel meines linken Mittelfingers fiel.

Als ich ihn mit verschwommenem Blick betrachtete, konnte ich sehen, wie dieser Sonnenstrahl auf meinem Nagel eine wunderschöne goldene kreisförmige Formation bildete. Ich betrachtete diese Miniaturformation weiter eingehend und erkannte, dass sie Mandalaformen enthielt.

Und jedes dieser Mandalas hatte weitere Mandalas in sich, die ineinander übergingen, und so ging es immer mehr in die Tiefe, doch meine menschliche Sehkraft war nicht in der Lage, weitere Formen auszumachen.

Noch nie zuvor war mir in den Sinn gekommen, ein Lichtteilchen so detailliert zu beobachten! Und diese Beobachtung brachte mir eine großartige Entdeckung. Ich stellte mit meinen eigenen Augen fest, dass jedes Lichtteilchen, und zwar selbst das allerkleinste, die göttliche Struktur des göttlichen Lichts in sich trägt, die aus Kreisformen von Mandalas besteht.

Es war genau so, wie die Plejader es mir mitgeteilt hatten:

»Das wundervolle Licht der göttlichen Zentralsonne ist so überwältigend, dass man es mit den pulsierenden Formationen vergleichen könnte, die ständig aus ihm herauskommen. Aus bestimmten Winkeln betrachtet sehen diese Gebilde wie Mandalas aus, die solch wirkungsvolle Farben und Formen haben, dass wir sie mit Worten gar nicht beschreiben können. Mandalas haben auf den menschlichen Organismus – und nicht nur auf den menschlichen – eine beruhigende und gleichzeitig kreative Wirkung, denn ihre Form und ihre Botschaft erinnern an die Entstehung allen Lebens im göttlichen Licht. Gleichzeitig binden sie an die Entstehung des Lebens an. Diese wunderschönen Bilder strömen ununterbrochen aus dem Zentrum der göttlichen Sonne, und durch die pulsierende Kraft der Liebe verbinden sie alle möglichen Dimensionen, Räume und Zeiten jeglichen Geschehens miteinander – im gesamten unendlichen Universum und in ihren sämtlichen parallelen Welten, Räumen und Zeiten.«

Das hat mir bestätigt, dass jedes Lichtteilchen aus der göttlichen Quelle stammt und jedes Lichtteilchen uns mit der göttlichen Quelle verbindet. Und jedes Lichtteilchen trägt einen Teil unseres Ichs in sich, denn wir alle stammen von der göttlichen Quelle. Alles ist miteinander verbunden. Es hat sich mir bestätigt, wie das Symbol der Blume des Lebens jedes Element unserer Existenz erzeugt, der Existenz unserer Mikrowelt und der Existenz unserer Makrowelt. Alles verbindet sich, alles passt zusammen. Jedes Teilchen, selbst das kleinste, beeinflusst seine Umgebung und umgekehrt.

Licht und alles, was die Sonne betrifft, hat mich schon immer fasziniert. Mein Lieblingssymbol ist das Symbol der Sonne. (Und gleich danach kommt das Herzsymbol.) Mein Schutzengel ist mit der Sonne verbunden, und wenn ich mich mit meinem Engel verbinde, kann ich sehen, dass das Symbol der Sonne über seinem Kopf schwebt.

Erst beim Schreiben dieser Zeilen wurde mir klar, dass mich mein Schutzengel durch seine Anwesenheit mit der Seele unserer Sonne verbindet, die mir die benötigten Informationen zukommen lässt. Und die Seele unserer Sonne verbindet mich mit weiteren Zentralsonnen und ihren Informationen. Alles ist bis ins letzte Detail durchdacht.

Im vorliegenden Buch, dem sechsten dieser Reihe, hat sich für die Übertragung der Texte noch ein weiteres lichtvolles Plejadenwesen angebunden. Es gehört nun zu meinen ständigen Begleitern, die diese Bücher diktieren. Unsere Verbindung und Zusammenarbeit nimmt immer mehr zu und vertieft sich.

Auch diesmal wieder haben sich meine plejadischen Lichtbegleiter bei der Übertragung der Texte abgewechselt und ergänzt, je nachdem, um welchen Themenbereich es bei den Informationen ging. Jedes Mal konnte ich beobachten, dass wir uns bei der Übertragung wie in einem Lichtraum befanden. Das plejadische Wesen, das mir gerade Informationen übergab, saß mir immer gegenüber und sandte sein Wissen telepathisch und lichtvoll zu mir aus. Die anderen Plejader waren bei der Übertragung der Texte stets anwesend und unterstützten den Diktierenden frequenzmäßig. Meine plejadische Begleiterin Orella war ebenfalls bei allen Übertragungen dieses Buches dabei, und ich habe ihre große Liebe und Unterstützung gefühlt. Nicht nur mir gegenüber, sondern allen Menschen gegenüber, welche die Zeilen dieses Buches in Zukunft lesen werden.

Alle Worte des Buches sind wie immer frequenzmäßig an die Schwingung des Lichts, der Liebe und der Heilung angebunden. Ich bin sicher, dass auch dieses Buch wieder Tausenden von Menschen Heilung und ein Verständnis der Gesamtsituation sowie von sich selbst bringen wird.

Sämtliche Abschnitte wurden mit unglaublicher Liebe und Dankbarkeit übertragen, mit Dankbarkeit für meine Arbeit und mit Dankbarkeit für alle Leserinnen und Leser.

Selbst wenn die Niederschrift dieses Buches wieder viele Stunden gebraucht hat, bereitete mir die Arbeit doch stets große Freude, denn jedes empfangene Wort brachte mir ein Gefühl des Glücks. Irgendwann wird vielleicht alles gesagt sein, wenn uns Menschen durch diese Texte ausreichend geholfen wurde, und der Kontakt zu den Plejadern wird pausieren. Umso dankbarer bin ich für all die Hilfe, die sie uns bisher zuteil werden ließen.

Momentan habe ich aber nicht das Gefühl, dass unsere »Bücherkontakte« aufhören werden. Den Plejadern sei Dank! Ich habe eher das Gefühl, dass sie, wie sie uns schon im vorherigen Buch mitgeteilt haben, jetzt verstärkt ins Bewusstsein des menschlichen Geistes eintreten können und dadurch erst so richtig anfangen, uns auf diesem Planeten beizustehen. Lassen wir uns überraschen, was die Zukunft bringt. Ich freue mich jedenfalls jeden Tag und immer wieder auf den nächsten Kontakt mit diesen lichtvollen Helfern.

Und ich danke meiner plejadischen Familie von ganzem Herzen für die große Hilfe, die sie uns auch diesmal wieder hat zuteil werden lassen. Ich danke ihr für jedes Wort, für jeden Satz dieses Buches. Ich danke und schicke meiner plejadischen Familie, der gesamten plejadischen Gemeinschaft und allen Lichtwesen mein aufrichtigstes »DANKE«!

In Liebe und Hochachtung,
Eure **Pavlina**

Danksagung

Auch euch allen danke ich, liebe Leserinnen und Leser, für eure Herzensfreundschaft und euren Fleiß, den ihr für die Entwicklung eurer spirituellen Persönlichkeit aufbringt.

Ich danke euch allen. Absolut allen. Ich danke euch für euer Vertrauen, ich danke euch für die Reinheit eurer Herzen, denn die Reinheit unserer Herzen verbindet uns, und sie verbindet unser Sein, Leben und Handeln auf diesem wunderschönen Planeten.

Ich danke allen, die Teil des göttlichen Plans dieses kolossalen Aufstiegs sind.

Ich danke allen, die mich motivieren und die ein unverzichtbarer Teil bei der Entstehung aller Bücher und CDs der »Lichtbotschaften von den Plejaden« sind.

Die positiven Frequenzen und positiven Felder dieser Werke wachsen immer weiter und ziehen mit ihrer positiven Kraft immer mehr positive Gedanken und Einfälle an. Sie ermöglichen mir meinen Arbeitseinsatz mit absoluter Begeisterung für dieses gewaltige Projekt, das ich mir niemals hätte erträumen lassen.

Einen großen Dank an meinen Verleger Michael Nagula und seine Lebensgefährtin Heike Ceska, an Nicole Brunner, meine

Tochter und Übersetzerin. Ein herzliches Dankeschön an alle Menschen, die mit der Produktion und dem Vertrieb der Bücher zu tun haben. Ich danke auch jedem einzelnen Menschen, der sich daran beteiligt hat, dass ihr dieses Buch in Händen halten könnt, sei es der Grafiker, Schriftsetzer, Verpacker der Bücher für den Weg zu euch nach Hause oder der Paketbote ...

Ich danke allen!

Die plejadischen Wesen sind mit uns Menschen in Liebe und Verständnis verbunden. Ihre letzten Worte für dieses Buch waren: »Jeder Leser hat dank dieser Bücher die Möglichkeit, seine tägliche persönliche Botschaft zu erhalten. Es genügt, intuitiv eines der Bücher auszuwählen und es auf einer Seite zu öffnen, die den Menschen anzieht. Und dann wird nur noch gelesen, und die persönliche Verbindung mit der Lichtwelt kann genossen werden.«

Ich danke euch, meine plejadischen Begleiter, für euren Fleiß und euren Eifer, uns Menschen zu helfen. Ich danke euch für eure Liebe, euer Licht, eure Anwesenheit, für eure Motivation und die Heilung der menschlichen Räume und Zeiten der menschlichen Realität auf dieser Erde.

Ich danke euch allen!

Die Liebe im Herzen verbindet uns alle!

Mit Frieden im Herzen,
Eure **Paulina**

Whitley & Anne Strieber

DIE SEELE IM JENSEITS

*Erleuchtung geschieht, wenn von uns
nichts als Liebe übrig ist*

AMRA Verlag, ISBN 978-3-95447-358-8
Hardcover, Leseband, 304 Seiten
€ [D] 22,99; auch als eBook!

Liebe Leserinnen, liebe Leser!

Ich bin ganz sicher, jeder von uns hat sich bestimmt – und das nicht nur einmal – schon die Frage gestellt: »Werde ich weiterexistieren, wenn ich meine körperliche Hülle verlassen habe? Wie ist das Leben in der himmlischen Dimension? Wie sieht es dort aus und wie werde ich mich dort fühlen? Werde ich anders denken oder etwas von meiner Persönlichkeit verlieren? Wie werde ich mich ohne meinen physischen Körper fühlen? Verliere ich den Kontakt zu meinen geliebten Menschen? Wo werde ich mich befinden?«

Als ich dieses Buch las, hat es mich sehr gefesselt und oft zu Tränen gerührt. Der Autor beschreibt eine reale Geschichte, seine und die seiner Frau, und ich konnte spüren, wie wichtig es ihm ist, uns alle Einzelheiten des Geschehens mitzuteilen, damit wir die Zusammenhänge richtig verstehen. Und ja, er gibt uns Antworten auf diese Fragen, die vollkommen anschaulich und absolut nachvollziehbar sind.

Whitley kommuniziert mit seiner verstorbenen Frau Anne. Er beschreibt ihr gemeinsames Leben mit allen durchlebten

Emotionen. Sie waren eng verbunden, nur einmal für zwei Wochen getrennt. Beide haben sich mit Fragen zum Leben nach dem Tod beschäftigt, und das hat sie nach Annes Fortgang letztlich wieder zusammengeführt.

Anne starb an einem Gehirntumor, und schon zwei Stunden nach ihrem Tod begann sie, mit ihrem hinterbliebenen Ehemann zu kommunizieren. Das hatten sie zu ihren Lebzeiten so vereinbart. Zu diesem Zeitpunkt konnte Whitley sie aber noch nicht verstehen. Deshalb gab sie allen möglichen Familienangehörigen und gemeinsamen Bekannten Zeichen, um auf sich aufmerksam zu machen. Und weil er in seinem Leben häufig meditierte, ist Whitley die telepathische Verständigung mit Anne schließlich auch gelungen.

Anne beschreibt ganz wunderbar ihre Existenz in den lichtvollen Dimensionen. Sie zeigt, was der Übergang von der irdischen Welt für die Seele eines jeden von uns bedeutet. Dabei beantwortet sie aus der Dimension der lichtvollen Ewigkeit heraus die Fragen ihres Mannes, wobei Whitley sich mit sehr unterschiedlichen Themen befasst.

Die Gespräche der beiden drehen sich um das Leben von Jesus Christus, der Whitley sehr am Herzen liegt, aber auch um die zyklischen Phasen des Planeten Erde und verschiedene klimatische Zeiträume, nachdem unser Planet mit einem Kometen zusammenstieß. Wir erfahren von den Entwicklungsstufen der zu dieser Zeit auf der Erde existierenden Lebewesen sowie ihrem Aussterben und von der Evolution des Menschen …

Mich hat dieses Buch vor allem vom menschlichen Aspekt her in seinen Bann gezogen. Whitley beschreibt alle seine Gefühle zu seiner Frau und die Gefühle sich selbst gegenüber. Die ganze Geschichte ist mit liebevollen Emotionen durchwoben.

Ich hatte nicht erwartet, dass dies ein so kostbares Werk ist. Es ist ein Buch der Wahrheit und nimmt jedem Leser das Gefühl der Angst vor dem eigenen Tod. Es fällt leicht zu verstehen, dass der Übergang in die lichtvollen Dimensionen ein absolut natürlicher Prozess ist und die Ausdehnung der Seele Freude mit sich bringt. Es bekräftigt, dass spirituelles Denken und positives Handeln hier auf der Erde unseren Übergang erleichtert und das lichtvolle Sein der Existenz in den Dimensionen der Ewigkeit erhöht …

Und wir spüren, dass jeder von uns sich schon unzählige Male nach dem Verlassen des physischen Körpers in der Dimension des Lichts aufgehalten hat. Wir waren bereits vollkommen an das Licht und die göttliche Intelligenz angebunden. Wir brauchen uns nur zu erinnern … und das gelingt uns leichter mit solchen wundervollen Büchern.

Erinnert euch immer daran, dass eure Seele lichtvoll und von Liebe erfüllt ist. Das Leben und die Existenz im menschlichen Körper auf diesem Planeten wird dadurch freudvoller und leichter ablaufen. Ich kann euch dieses großartige Buch nur wärmstens empfehlen.

Viel Glück und irdische Freude wünscht

euch **Paulina**

Verzeichnis der auf den CDs enthaltenen Übungen und Meditationen

Gechannelt von Pavlina, eingesprochen von Kathrin Mayer, musikalisch begleitet von Sayama; beim Einsprechen im Tonstudio ist Pavlina immer persönlich anwesend, um die Energie zu halten.

Klangmeditation zur Wiederanbindung der DNA-Stränge

Lichtbotschaften von den Plejaden (Reiner Klang)

70 Minuten, ISBN 978-3-95447-332-8, ein durchgehendes Klangfeld

für Behandlungen und die Energiearbeit sowie zur Raumreinigung – mit gechannelten Meditationsanleitungen von Pavlina (im Booklet).

Energetische Reinigung und Harmonisierung von Körper und Seele

Lichtbotschaften von den Plejaden (Übungs-CD 1)

62 Minuten, ISBN 978-3-95447-291-8, noch ohne Musik, gehört zu Buch 1 & 2

1. Anbindung an die reine Essenz des Plejadengestirns und die Verschmelzung mit Gott (07:22)
2. Ablegen des Egos und Reinigung des Körpers (10:20)
3. Verbindung von Körper und Seele (08:48)
4. Reinigung deines Lichtkörpers durch die Plejader (09:04)
5. Reinigung des Blutkreislaufs mithilfe von Lichtenergie (06:42)
6. Die heilende Kraft des Ozeans (10:16) – *nur hier auf CD*
7. Die Liebe des Universums (09:00)

Neue gechannelte Übungen und geführte Meditationen

Lichtbotschaften von den Plejaden (Übungs-CD 2)

79 Minuten, ISBN 978-3-95447-318-2,
Musik von Sayama, gehört zu Buch 3

1. Worte der Lichtwelt an dich (05:00) – *gesprochen von Pavlina, nur hier auf CD*
2. Anbindung an die kosmische Christusenergie (10:25)
3. Anbindung an die liebende Seele von Mutter Erde (10:20)
4. Anbindung an deine ursprüngliche göttliche Essenz (17:20)
5. Anbindung an den Fluss der positiven Geldenergie (10:43)
6. Ritual zur Vergebung aller Menschen und deiner selbst (11:22)
7. Worte der Plejader an dich (05:38) – *gesprochen von Pavlina, nur hier auf CD*
8. Lichtklänge aus Shambhala (07:17) – *Reiner Klang, nur auf dieser CD*

Zur positiven Umprogrammierung deiner Informationsfelder

Lichtbotschaften von den Plejaden (Übungs-CD 3)

79 Minuten, ISBN 978-3-95447-331-1,
Musik von Sayama, gehört zu Buch 3

1. Wachsenlassen von Licht, Liebe und Dankbarkeit (08:24)
2. Anbindung per Zahlenreihe an deine kosmische Familie (14:40)
3. Positive Umprogrammierung deiner Informationsfelder (17:14)
4. Affirmationen & Klang zur positiven Umprogrammierung (37:32)

Heilung von Körper und Seele durch kosmische Liebe

Lichtbotschaften von den Plejaden (Übungs-CD 4)

78 Minuten, ISBN 978-3-95447-351-9,
Musik von Sayama, gehört zu Buch 4

1. Einleitende Worte zur Heilung (04:51) –
   eingesprochen von Pavlina
2. Aktivierung des Zugangs zur Lichtwelt (10:06)
3. Ehre deinen Körper, deine Organe und Zellen (09:56)
4. Durchlichtung der Atmosphäre deines Planeten (07:14)
5. Erhöhter Photonenstrom durch Segen (09:00)
6. Sprich mit den Organen deines Körpers (08:31)
7. Lichtwesen verbinden dich mit der Natur (12:23)
8. Liebe und Dankbarkeit für die Feen (06:03)
9. Aufruf der Wesen des Planeten Venus (08:52) – *gesprochen von Pavlina*

Rückholung verlorener Seelenanteile und Heilung von Mutter & Kind

Lichtbotschaften von den Plejaden (Übungs-CD 5)

**78 Minuten, ISBN 978-3-95447-366-3,
Musik von Sayama, gehört zu Buch 4**

1. Rückholung deiner verlorenen Seelenanteile (33:57)
2. Reinigung des Wirbelsäulenkanals von Mutter und Kind (32:20)
3. Heilung durch die Frequenz gesprochener Worte (11:33)

Meditationen und Übungen für das Goldene Zeitalter

Lichtbotschaften von den Plejaden (Übungs-CD 6)

**78 Minuten, ISBN 978-3-95447-369-4,
Musik von Sayama, gehört zu Buch 5**

1. Einleitende Worte des Lichtrats (4:17) – *gesprochen von Pavlina*
2. Meditative Anbindung an die Blume des Lebens (4:41)
3. Geleiten einer Seele ins Licht (6:41)
4. Anbindung an Erzengel Metatron (6:15)
5. Rückkehr der Gesundheit deines physischen Körpers (6:30)
6. Transformation von negativen Grundinformationen (9:17)
7. Erschaffung deiner neuen Realität durch eine Zahlenkombination (6:45)
8. Heilung der weiblichen Anteile in deinem System (7:06)
9. Schutz und energetische Harmonisierung deines Zuhauses (5:43)
10. Wiederanbindung an lichtvolle Naturwesen (8:55)
11. Affirmation zur Aufhebung aller Belastungen in dir (5:28)
12. Abschließende Worte von Mutter Erde (5:31) – *gesprochen von Pavlina*

*Alle sechs Übungs-CDs liegen auch als Audio Books
für Download & Streaming vor.*

Pavlina Klemm

Auf vielfachen Wunsch ...

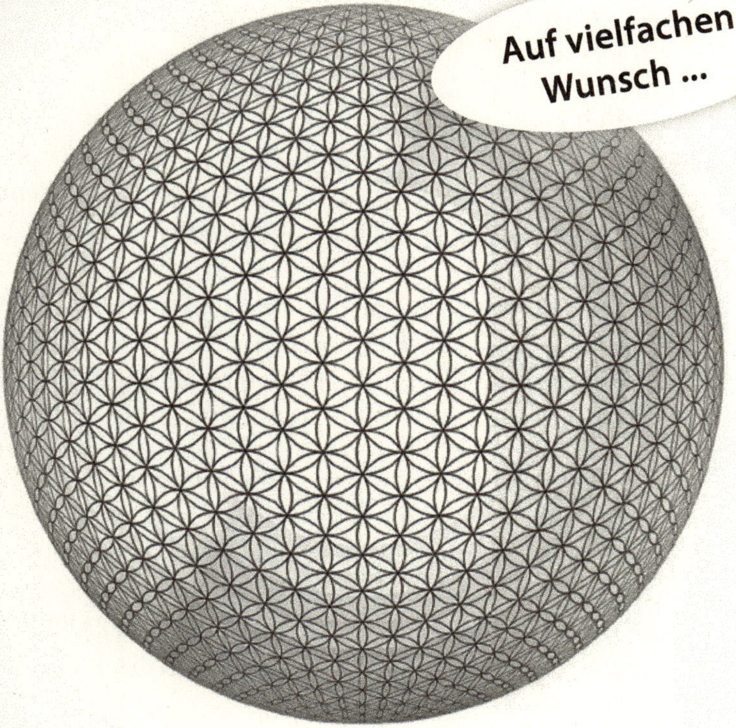

Heilsymbole & Zahlenreihen

Arbeitsbuch der Plejadenheilung

AMRA

Pavlina Klemm

HEILSYMBOLE & ZAHLENREIHEN

Arbeitsbuch der Plejadenheilung

AMRA Verlag, ISBN 978-95447-448-6
Hardcover, Glanzeinband, zwei Lesebänder, 176 Seiten
22 € [D] / 22,70 € [A]; auch als eBook erhältlich!

Immer wieder haben Teilnehmer aus den Workshops, aber auch Leserinnen und Leser der Plejadenbücher danach gefragt. Jetzt dürfen wir sie euch in einem eigens dafür entstandenen Band, dem Arbeitsbuch, endlich vorstellen – die gesammelten Übungen!

Vom Aufbau des lichtvolles Schutzes bis zum Segen für dich selbst und andere, vom Vergebungsritual über die Heilsymbole und Zahlenreihen bis zur Durchlichtung der Chakren, der Kontaktaufnahme mit deiner Familie im Licht und der energetischen Unterstützung des Herzorgans … HEILSYMBOLE & ZAHLENREIHEN enthält das gesamte Arbeitsmaterial aus den bisherigen Plejadenbüchern und Workshops.

Aus dem Vorwort der Plejader …
»Der Geist des Menschen bindet sich an die Synapsen des kosmischen kollektiven Bewusstseins an und erhöht dadurch sein Bewusstsein und sein Wissen. Die kosmischen Lichtimpulse können den menschlichen Geist jetzt endlich heilen und regenerieren.«

Pavlina Klemm über dieses Buch …
»Es ist egal, in welchen Inkarnationen ihr euch früher befandet. Es ist egal, wie viele Gedanken euch in eure Vergangenheit zurückwerfen. Jeder hat die Möglichkeit, seine Realität zum Positiven zu verändern. Wie die Plejader uns mitteilen – Schritt für Schritt.«

Das Buch erscheint im Juni 2020.
Jetzt vorbestellen auf www.AmraVerlag.de.

»Wir reinigen jetzt diese Realität.
Wir gehen Schritt für Schritt mit euch voran.«

Ob in München, Frankfurt, Basel oder Prag, Wien oder Hamburg …
Pavlinas Wochenend-Workshops sind legendär. Tausende von Teilneh-
mern kamen schon in den Genuss der Plejadenheilung. Jetzt gibt es die
Meditationen, gesprochen von Pavlina selbst, auch auf CD.

HEILUNG
DES HERZENS

22 € / 33 CHF
Jewelcase • 78 Minuten

ANBINDUNG AN
DIE LICHTWELT

22 € / 33 CHF
Jewelcase • 78 Minuten

ANBINDUNG
AN GAIA

22 € / 33 CHF
Jewelcase • 78 Minuten

Befreiung der Thymusdrüse. Entfernung von Implantaten. Rückerlangung
der weiblichen Kraft. Reinigung der Chakren. Integration positiver Frequenzen. Wiederanbindung an die DNA. Heilung verlorener Seelenanteile. Programmierung deiner Kristalle. Schutz, Erdung und vieles andere
mehr … Die Meditationen des 3-Tage-Workshops jetzt auf CD.

Die CDs erscheinen im August 2020.
Sie sind *nicht* im Handel erhältlich,
sondern nur auf www.AmraVerlag.de.

Für Bestellungen per Post: AMRA Verlag,
Michael Nagula, Auf der Reitbahn 8, 63452 Hanau
Kunden-Telefon: +49 (0) 61 81 – 18 93 92
Info@AmraVerlag.de • www.AmraVerlag.de

Deutschland & Österreich ab 18 € versandkostenfrei!

Pavlina Klemm wurde im Jahr 1970 in der Tschechischen Republik im Riesengebirge geboren. Als 19-Jährige kam sie nach München, in dessen Nähe sie heute noch lebt und arbeitet. Schon als kleines Kind hatte sie Kontakt zur Lichtwelt, und als junge Erwachsene war ihr absolut klar, welche Richtung ihr Lebensweg nehmen würde. 1999, kurz vor der Zeitenwende, begann sie dann, intensiv mit alternativen Heilmethoden zu arbeiten. Durch die Arbeit mit der heilenden universellen Energie entwickelten sich bei ihr nicht nur heilerische Fähigkeiten, sondern es erhöhte sich auch ihre Anbindung an die Lichtwelt und das Engelreich. Dank dieser Anbindung sieht sie es heute als ihre größte Aufgabe an, Informationen über die universellen Gesetze und kosmischen Entwicklungen weiterzugeben. Das Ergebnis ihrer Channeling-Kontakte mit der plejadischen Zivilisation sind die bisher sechs Bücher und sieben CDs der *Lichtbotschaften von den Plejaden*.

Bei ihren Seminaren, die Pavlina regelmäßig überall im deutsch-sprachigen Raum und in Tschechien abhält, werden die Teilnehmer in der spirituellen Entwicklung ihrer Persönlichkeit stets fürsorglich begleitet. Dabei setzt Pavlina nicht nur ihre Ausbildungen als Lebens-Energie-Beraterin® nach Körbler und Reconnective Healing® Practitioner nach Eric Pearl ein, sondern auch ihre Schulungen durch Andrew Blake in Quantenheilung und als Medium der geistigen Welt durch Doreen Virtue, aber ebenso russische Heiltechniken und anderes mehr. Außerdem bildet sie ihre Klienten in plejadischen Heiltechniken aus.

Pavlina widmet sich auch weiterhin dem Schreiben über spiri-tuelle kosmische Gesetze, ihre Komplexität und ihren direkten Einfluss auf unsere menschliche Gesellschaft, denn wie sie selbst sagt: »Das Lehren und Erkennen der universellen Gesetze ist so unendlich wie das Universum selbst. Es bringt Freude, Bewusst-werden, Frieden und Reinheit im Herzen.«

Kontakt:
www.PavlinaKlemm.de

Lebens-Energie-Beraterin® nach Körbler
Reconnective Healing®Practitioner
Alternative Heilmethoden

Drunvalo Melchizedek
& Daniel Mitel
Lebe im Licht deines Herzens
Meditative Zugänge in den heiligen Raum
224 Seiten, gebunden, oranges Leseband
€ [D] 19,99 / € [A] 20,60 • ISBN 978-3-95447-343-4

Begib dich in dein Herz. Niemals in der Geschichte der Menschheit war es wichtiger als heute, sich auf die Reise ins Herz einzulassen und aus dem Herzen zu leben. Methoden, die über Jahrtausende hinweg eingesetzt wurden, machen es möglich – auch im emsigen Treiben unserer Zeit und ohne Lehrmeister. Du hast die Macht und die Fähigkeit, überall im Licht deines Herzens zu leben.

Zwei weltweit bekannte Meister der Meditation weisen den Weg.

Gary R. Renard
Als Jesus und Buddha sich kannten
Bericht über zwei mächtige Weggefährten
320 Seiten, gebunden, oranges Leseband
€ (D) 24,99 / € (A) 25,70 • ISBN 978-3-95447-246-8

Die Aufgestiegenen Meister Arten und Pursah sind zurück. Ihr neues Buch ergänzt die ursprüngliche Trilogie, bestehend aus *Die Illusion des Universums, Deine unsterbliche Realität* und *Die Liebe vergisst niemanden*. Es erkundet sechs Inkarnationen von Jesus und Buddha, in denen beide gemeinsam lebten. Nie waren Gespräche über die Realität des Lebens dermaßen relevant für die Gegenwart.

»Mehr als ein Buch – ein Portal, ein Transportsystem, ein Umordnen des Geistes. Und lustig ist Gary auch noch!«
– H. Ronald Hulnick

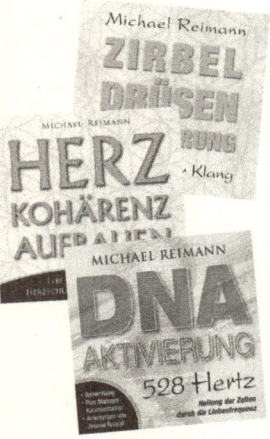

Klangheilungs-CDs von Michael Reimann

Zirbel Drüsen Aktivierung [Binauraler Beat]
Öffnung des Dritten Auges und Stärkung des Lichtkörpers
79 Min.; € [D/A] 19,95 • ISBN 978-3-95447-220-8

Herzkohärenz aufbauen [432 Hertz]
Mentale Leistungsfähigkeit und körpereigene Regeneration
75 Min.; € [D/A] 19,95 • ISBN 978-3-95447-295-6

DNA-Aktivierung [528 Hertz]
Heilung der Zellen durch die Liebesfrequenz –
Meditationsanleitung von Jeanne Ruland im Booklet!
80 Min.; € [D/A] 19,99 • ISBN 978-3-95447-347-2

Bekannt als Multi-Instrumentalist, arbeitete Michael Reimann u.a. mit Joachim-Ernst Berendt und Christian Bollmann zusammen. Studienreisen führten ihn nach Bali, Indien und Japan. Seine Aufnahmen sind reiner musikalischer Klang.

Buchauszüge, Hörproben und Gratis-CD auf www.AmraVerlag.de